AF435391

Frédéric Albouy

ENFANTS

Grandir en Poésie

Paris

Paris, Octobre 2016
Editions fA
© Copyright fA 2016

www.cyberpoesie.net

ISBN n° 979-10-96680-14-6

Titre en hommage et remerciement :

A Marcelle, Jean-Pierre et Blaise pour les soirées du Club des Poètes rue de Bourgogne à Paris et leur état d'être, « Vivre en Poésie ».

A Odile et Marie, pour l'Arbre à Poèmes, cyber-lieu de poésie « pour les enfants et pour les raffinés ».

PREFACE

A tous les enfants de la Terre.

Grandir n'est pas toujours facile.

L'apprentissage, l'éducation, la vie matérielle et le chemin spirituel peuvent être des voies difficiles.

On peut les emprunter en Poésie.

CHAPITRES

ECRIRE POUR VOUS

Muse et secrets d'écriture

ABYSSES

Sirène du rêve, stoppe tes pas ! Respire
Le souffle paisible d'une pause audacieuse
Sur la crête des fonds où l'inconscient s'étire
Dans sa robe de nuit noire et si lumineuse.

Là gisent des trésors de matière divine
Amassés dans les coffres des anciens naufrages
Sous le sable ancestral des profondeurs marines
Où s'enfouit la mémoire et s'endorment les âges.

Sans un remous exhume les splendeurs, Sirène,
Puis, sac en bandoulière, quitte la demeure
Pour la terre promise et, confiante et sereine,
Rejoins l'île déserte où la conscience affleure ;

Le Poète t'attend en lisière du monde
Invisible. A travers les coraux du langage
Il filtrera le sel de ta pêche féconde
Pour tailler des joyaux dans tes perles sauvages.

SEICHE

Ne plus écrire, quand l'encre jaillit trop noire,
Ne plus écrire quand on ne distingue plus
Le soupçon de lumière, l'ami inconnu,
Qui sculpte le contraste et forge la mémoire,

Quand même le papier s'assombrit et se noie
Dans une nuit sans lune où l'ombre des ténèbres
Enrobe goulûment de son linceul funèbre
Ce qu'il restait de vie dans les fibres du bois.

Attendre. En vitesse se dépêcher d'attendre,
Garder pour soi, égoïstement, le flot brut
Dévastateur, le murmure explosif, la lutte

Intestinale intérieure. Prendre le temps,
Digérer ; jusqu'au premier rayon de clarté
Qui fera ressortir l'ombre sur le papier.

NOCTURNE

Silencieuse elle marche, à l'écoute du fleuve,
Elle arpente les berges, seule dans la nuit,
Un fleuve en crue d'histoire et qui conserve en lui
Les âmes oubliées en quête de peau neuve.

A l'orée du monde elle s'arrête et s'abreuve
Des murmures secrets, confidences et bruits
De l'héritage humain. Elle écoute et traduit
Les clapotis, fidèles autant qu'ils le peuvent

Au message ancestral dont ils avaient la garde.
Elle marche sur l'eau et flotte dans les airs,
Personne ne la voit, personne ne regarde,

Pourtant elle est bien là, vibrant à cœur ouvert
Sous les ponts de Paris, rêveuse sous les arches,
Méditant dans la nuit, la Poésie en marche.

HEILONGJIANG

(Le fleuve Amour)

15

Quand un fleuve de vent vous traverse les pores
Et se faufile en vous dans les moindres recoins,
De la cave au grenier ne laissant que des ruines,
Des amas de poussière entassés par le sort,

Quand un souffle de sang vous inonde le corps,
D'une vague tranchante emportant tout au loin
Ces troncs si fatigués fléchis sur leurs racines
Que les vents ont rongées et que les flots dévorent,

Quand un souffle de pluie vous balaye les âges,
Vous arrache la crasse incrustée dans vos pierres
Rénovant à vos pieds une jeunesse fière
Qui s'était assoupie à l'abri des ravages,

Quand un fleuve de feu vous embrase le cœur,
Levez-vous ! La Muse est à la porte, c'est l'heur' !

BRUME

Elle vit dans la brume à l'orée des deux mondes,
A l'abri des regards pour qu'on ne la surprenne
Passant de l'un à l'autre, allant faire ses rondes
Le soir au bord de l'Eau quand la Lune entre en scène.

Et jusqu'au point du jour, avant que ne se lèvent
Les bruits de la planète, attentive elle sonde
La nuit du cœur humain pour en cueillir la sève
Dans le brouillard épais de sa forêt profonde.

Elle vit dans l'eau pure que le Ciel lui prête,
Dans un nuage aquatique égaré sur la Terre
Lors de la Création ; un flot de gouttelettes

Divines oubliées pour quelques solitaires,
En suspension, pareil à nos âmes en peine
Cherchant frères et sœurs dans les brumes humaines.

SOUFFLE

Elle est le Vent, je suis le souffle,
Elle est Océan, je suis la source,
Elle est limon, je suis fusion

Nous sommes deux forces vives
En équilibre sur le fil du vivant
Deux funambules de la dernière chance
Dans le cirque humain

Elle est le Cycle, je suis l'éternel instant
Elle est Ténèbres, je suis lueur
Elle est silence, je suis présence

Nous sommes deux droites parallèles de même origine
Spiralées par l'alchimie de la Vie
Pour que rencontre se fasse
Dans l'espace courbe.

Elle est blanche et noire, je suis musique
Elle est couleur, je suis arc-en-ciel
Elle est Néant, je suis le Vide

Nous sommes deux inséparables étrangers
Deux siamois tour à tour yin et yang
A traîner nos âmes chez les humains
Pour les refondre en Un.

TATHAGATA

Je voudrais être un Bouddha poétique
Irradiant de poèmes tous les êtres,
Un Tathagata de la rime antique,
Un Shakespeare de l'être ou du non-être,

Un ventre rempli de fleurs littéraires,
Ces graines qui germent dans les esprits,
Que l'on croque sans aucun parti pris
Et qui mènent la conscience à sa Terre.

Je voudrais être ce torrent fougueux
Qui cueille la pluie des âmes hantées
Et conduit les princes comme les gueux
Vers leur océan de sérénité.

Je leur construirais un poème creux
Pour qu'ils méditent sur la vacuité,
Flot de vers vides à la queue leu leu
Garantissant qu'ils soient désaltérés.

Mais avant il faut exploser d'images,
Jouer sur la beauté des sens de l'humain,
Juste pour indiquer le bon chemin,
Pour que chacun puisse écrire ses pages.

NEIGE D'ÂME

J'ai d'abord secoué le dictionnaire
Pour que les lettres se mélangent
Et que l'encre en sorte ;

Je l'offre aux musiciens en pâture,
Ils savent en faire une danse,
Une pluie de notes

Revigorantes et débonnaires.
Je l'ai rouvert, trouvant, aux anges,
Mots et lettres mortes,

Blanchis de tant d'années d'écriture,
Un linceul de neige d'enfance
Les couvrant sans faute.

Enfin je pus sur l'étendue vierge
Glisser les traces de mon âme,
T'en faire une boule,

Une avalanche de flots blancs, cierge
Dont tu allumeras la flamme
Pour que l'eau en coule

Quand la vie ne t'abreuvera plus.

CONFIDENCES

Aux enfants

ENFANTS

Ô! Enfants !
Dans quel monde êtes-vous nés ?
Où et Quand ?
Quelle est votre Destinée ?

Vous entrez
Au troisième millénaire
Et saurez
Ce qu'est devenue la Terre.

Mais voici
Un premier état des lieux
A Paris
Avant la chute des cieux.

Une ville de Beauté
Jaillissement de Lumière
Rayonnant par sa clarté
Bien au delà des frontières.

Un pays de Liberté
Conquise à travers les âges,
Sachez bien en profiter
Et défendre son usage.

C'est un siècle universel
Où échanges et mélanges
Font un bouillon culturel

Aux saveurs parfois étranges.

C'est un monde tendre et cruel
Où s'affronteront sans cesse
Dans une forme de duel
La misère et les richesses ;

Un monde où l'Humanité
Chargée de fardeaux avance,
Prétention, Vulgarité,
Religion, Intolérance ...

Un monde face au défi
D'une simple opération :
Deux qui naissent, un qui fuit,
Verra-t-il la solution ?

Un monde préoccupé
Car d'un éclat de trompette
Quelque déséquilibré
Peut engloutir la planète.

Mais l'Amour existe encore,
Occulté, mais bien en place,
Réfugié au fond des yeux

D'une femme qu'on embrasse
Ou bien d'un enfant qui dort.

Gardez l'espoir, trouvez-le !

CORDON

Tout d'abord
Je te décordonnerai
Pour te rendre ta liberté
Que tu puisses devenir
Qui sait, cordonnier ?

Ensuite
Je te cartablerai
Que tu sois branché, câblé
Pour avaler la vie
Et ses difficultés.

Puis
Je te connecterai
A toute la planète,
C'est ainsi qu'aujourd'hui
On travaille ou fait la fête.

Enfin
Je disparaîtrai
Car le fil de la vie
Toujours vient à casser,
Mais tu seras prêt.

Tu vois,
La vie ne tient qu'à un fil.

BAPTÊME

Le monde est courbe,
Bougrement courbe,
Rond même

Le corps est tordu,
Sacrément tordu,
Avec l'âge

Comment marcher droit ?

L'esprit peut être fourbe,
Sournoisement fourbe,
Con même

Les religions sont tordues,
Sacrément tordues
Par les âges

Âme pure et droite,
Sois néanmoins
La bienvenue,

Ecoute la voix étroite
Qui ouvre les grands horizons.

BONSOIR

Drapé de majestueuse innocence tu dors
Mais je glisse un baiser sur tes cheveux de fée
Et silencieusement ce sommeil s'évapor…e
Pour pousser un soupir complice et satisfait.

Plus tard la vie viendra graver sur ton visage
Les marques et les maux d'un monde malicieux,
Puissé-je être présent pour t'offrir en partage
La force d'affronter les défis des plus vieux !

Mais pour l'instant c'est toi, petit être tout nu,
De ta simplicité uniquement vêtu,
Qui de la Vérité me signale la voie

Et c'est moi qui ressent en cette heure bénite
Où je tire ton drap pour éloigner le froid
La chaleur d'un amour nature et sans limite.

CYCLE

Ce soir, si au coucher du soleil
Elle frappe à ta fenêtre,
Sans hésiter ouvre lui,
Tends lui la main,

Laisse-la t'enlacer
Avant de t'endormir avec elle.

Ne sois pas triste au matin,
Une fois n'est pas coutume,
Insoumise, elle sera partie.
T'en fais pas, elle reviendra demain.

Ce matin, au réveil,
Encore endormi
Sous ta couette,
Tends l'oreille,

Le voilà qui approche,
Entends sa course.

S'il frappe à ta fenêtre,
Ouvre lui,
Laisse-le entrer,

Emplir ta maison de sa clarté
Intérieure. C'est
Lui.

TRESOR DE FAMILLE

Pour Vous
Qui savez aimer,
Sans mesure,
Naturellement,
Vous
Qui savez juger,
Sans leçons ni discours,
D'un seul regard,
Instantanément,
Vous,
Libres,
Qui ne connaissez encore
Ni les masques ni les illusions,
Vous
Seule source encore pure
D'eau fraîche originelle,
Vous
Qui nous offrez nos plus belles larmes,

Pour Vous,
Mes enfants,
Ce torrent d'eau claire
Que j'ai gardé depuis mon enfance.

EURYDICE

Dans tes yeux
J'ai vu l'au-delà
L'au-delà des mots
L'au-delà des mondes,
J'ai trouvé
La source profonde
De l'eau du ruisseau
Qui coule ici-bas.

Dans tes yeux
J'ai croisé l'ultime
Cap de non-retour
Où la vie bascule
Et j'ai vu
Le Temps qui recule
Revenir au jour
Du fond de l'abîme.

CONTINUUM

Quand je partirai,
Bien sûr je n'aurai pas le temps
De faire mes valises,
Ni de dire tout ce que je voudrais dire
Avant de partir,
A mes enfants, mes proches, mes amis,
Bien sûr.
On est très égoïste quand on part,
Préoccupé par son passage,
Surpris parfois
Ou engourdi par sa souffrance,
Le corps défait tous nos plans,
Bien sûr.

Alors,
Un peu égoïstement aussi,
Je le remercierai de m'avoir hébergé
Et le saluerai bien bas ;
Puis j'offrirai mon âme,
Les plus belles parties j'entends
Car j'oublierai discrètement dans mon corps
Celles qui de son vivant ne m'ont pas convaincu ;
Je ne m'inquiète pas pour elles,
Elles sauront bien survivre
Et trouver d'autres hôtes ;
Mais les plus belles,
J'en ferai une pluie de graines
Sauvages et pures

Pour abreuver les enfants.

Ils sauront les reconnaître.

MEMOIRE ETERNELLE

Avec au fond des yeux le miroir de l'amour
Où les âmes d 'enfants si pures et sensibles
Puisent avec ardeur comme dans une bible
Des instants de bonheur qu'ils garderont toujours,

Avec dessus le cœur une main généreuse
Qui referme les cris par de tendres caresses,
Efface avec magie les petites détresses
Et calme de ses doigts les fièvres capricieuses,

Avec ces vibrations au-delà du langage
Perçues par les enfants, oubliées des adultes
Etouffés par leurs règles, leurs devoirs, leurs cultes,

Avec tout ce que vous offriez en partage,
Je vous aimais, mais vous, vous en souvenez-vous ?
Il y a bien des années vous fûtes ma nounou.

LUMIERE

Tu es nue, Lumière
Intense, Clarté,
Source de prière,

D'amour infini,
Générosité,
Pain et Vin bénis,

Mère nourricière
Aux reflets bleutés,
Semblable à la Terre

Qui donne son sang
Et tourne entêtée
Pour tous ses enfants.

IL Y A

En chacun de nous
Il y a, à toute heure,
Un con qui sommeille.
Chut ! Ne le réveillons
Pas. Car partout
Les autres nous guettent,
Les éveillés, si
Nombreux, l'arbalète
En joue sur nos vies
Pointée. Passons outre,
Guidés par ailleurs,
L'air de nous en foutre.

En chacun de nous
Un poète est mort,
Mais pas tout à fait :
Coma profond sous
Le choc de la vie.
Il faut lui parler,
L'apprivoiser, oui,
le ressusciter
Et en faire alors
Son fidèle ami.
En chacun de nous
Un poète dort.

QUADRATURE

Enfant,
Oublie les discours,
Ecoute les regards,
Suis leur chemin jusqu'au cœur
Et tu ne verras plus les couleurs
Mais le rouge sang
Originel,
Si clair, si beau, si pur
Qu'il ne faut pas le verser
Stupidement,
Par prétention, vanité,
Aveuglément,
Ou par maladresse,
Mais,
Sans commentaire
(La parole est l'Illusion de l'homme),
Le partager
Avec eux,
Avec les autres, les différents,
Ceux qui y sont aussi arrivés
Et ceux à qui il faut montrer le chemin
Et tous les enfants
Qui voudraient comprendre
Pourquoi une petite boule solitaire
Dans l'espace vide
Ne tourne pas rond.

DON

Il y a tout l'Amour dans un sourire
Un peu moins
Dans un baiser
Puis plus rien
Dans le creuset
Des pulsions égoïstes de l'animal.

Amour est Don,
Dès qu'on reçoit,
Besoin est roi,
Amour bouffon.

NOE

Avec tout l'amour qui se perd on pourrait faire
Un monde, un coffre-fort ouvert à tout le monde,
Sans codes, sans clés, un coffre-fort sans mystère
Accueillant les amours avant qu'elles ne fondent,

Une Arche de Noé des amours délaissées,
Des amours avortées, des amours en suspens
Dans le brouillard du Temps, une cave, un grenier
D'amour pur inspiré des réactions d'enfant,

Avec tout l'amour qui se perd on pourrait faire
Un festival d'éclairs dans le ciel étoilé
Où les nuages auraient oublié leur tonnerre

De tant se réjouir du spectacle donné,
Avec tout l'amour qui se perd on pourrait faire
Revivre un peu l'âme de notre vieille Terre.

ROUTINE

Dans la corbeille
Un lot de réflexions stupides
Jetées par les uns, par les autres,
Les moi-ceci, les bons apôtres,
Les je-sais-tout... Bah ! On la vide
Avec indifférence...

Sur le bureau
Un tas de dossiers bien rangés,
Lus, relus, connus, reconnus,
Ephémères banalités
Dans l'attente de leur salut
(Illusoire espérance)...

Dans la mémoire
De ces heures accumulées
Une poignée de souvenirs,
Quelques regards croisés, pas plus,
Mais de ceux-là qui vous font dire
Qu'on a quand même un peu vécu

Et l'âme s'en voit rassurée
Sur sa propre existence.

INITIATION

Les enfants,
Il faut que je vous dise,
Le Temps n'existe pas.
Il a été inventé par les Hommes
Pour venir vous chercher à l'école,
Aller à l'heure au boulot,
Rater les trains
Et pour que les femmes
Puissent arriver en retard aux rendez-vous,
L'air de rien.

Le Temps ne vous concerne pas,
Ce n'est qu'un mécanisme corporel,
Une illusion de vos cellules,
La pulsation mécanique artificielle
D'un métronome pratique
Inventé pour régler la vie terrestre.

Le Temps n'a rien à voir
Avec la grande musique,
Laissez-le compter ses moutons
Et rêvez aux amples phrases musicales
Que l'on peut capter ici ou là
Quand l'autre monde nous fait ses confidences
Et nous glisse dans le creux de l'oreille
L'évidence de la Beauté,
Celle qui n'a que faire des siècles ou des millénaires,
Des mondes ou des distances.

Laissez le Temps jouer sur Terre
Et venez avec moi
Au concert universel.

EXCURSIONS

Les enfants,
Si je mets mes lunettes
De poète
De temps en temps,

C'est pour voir
Tous les mondes
Qui font la ronde
Dans le noir

Et dansent
Autour de nous,
Autour de vous,
Quoi qu'on en pense.

Enfant
On s'y promène
De scène en scène,
Innocemment

Et d'un coup
La vie aride
Vous plonge dans le vide
De son trou,

Le Temps s'avance,
Croque les promenades,
Finies les balades
De l'enfance.

Dès que vous le voyez,
Je vous le répète,
Vite sautez
Sur vos lunettes !

ETROIT

Quand je m'y suis glissé pour la première fois,
Venant d'un nulle part où l'ailleurs est si vaste,
Je l'ai trouvé étroit, curieusement étroit,
A tel point que je crus à un sort bien néfaste.

Je criai. Tant d'attente et d'espérance en vain,
Un chemin si tortueux, des mois de solitude,
Tant d'épreuves gagnées, mais pour quel lendemain ?
Je mis plus de quinze ans à changer d'habitude !

Le lieu était plaisant mais vraiment livré nu,
Tout était à bâtir, fondations et toiture,
Il me fallut quinze ans pour armer les structures.

Puis nous sympathisâmes, j'aimais l'inconnu
Sensible, hospitalier et le laisse à regret,
Mon corps n'est plus étroit, mais je dois le quitter !

GOUTTE D'ÂME

Parachutée sur Terre d'un coup de tonnerre,
Sans souvenir précis (avait-elle rêvé ?)
De ce voyage dans le ventre de son père,
Une petite goutte d'eau se réveillait.

Fesses à l'air, couchée sur le lit d'une fleur,
D'une feuille elle fit un habit de fortune,
En coupant le cordon sans la moindre rancune.
Le Paradis : la vie commence, quel bonheur !

Mais l'ennui vint, malgré l'abondance de fruits ;
Elle se mit en quête d'une partenaire,
Parcourant Terre et Ciel de jour comme de nuit

Dans l'espoir de trouver une sœur ou un frère
Avec qui fusionner. Amorce du voyage
Vers l'Eau de l'Océan, chaudron du recyclage.

C'est ainsi qu'est sur Terre le destin des âmes.

BERMUDES

En passant par hasard
Sur le marché des âmes
J'ai trouvé
Une antiquité du moyen âge,
Architecture sédimentaire
De tiroirs secrets
Où ronronne en chacun
L'âme d'un poète de jadis
Qui vous entretient
De l'au-delà.

En marchant par hasard
Sur le passé des âmes
J'ai trouvé
Ce vieux chaudron enchanté
Qui reçoit les flots du Styx
Où se mêlent les âges,
Les flammes et les pensées
Et qui bouillonne ardemment
Pour réalimenter nos vies
D'énergie humaine.

En passant par hasard
Sur le marché des âmes
J'ai trouvé
La lampe d'Aladin
Triste et solitaire
Qui réchauffe le cœur

Quand on la prend dans ses bras

Et ses hologrammes vaporeux
Qui nous parlent d'ailleurs
Lorsqu'on la caresse.

En marchant par hasard
Sur le passé des âmes
J'ai trouvé
Le chemin du Paradis perdu,
La route des Tropiques originels
Jusqu'au point de non-retour,
Triangle des Bermudes
Où l'on s'engouffre
Goulûment
Vers l'autre monde.

ROULE

Roule,
Roule sans t'arrêter,
Roule
Sous le chant des oiseaux
Dans le vent,
Roule
Dans les chemins
En cueillant les fruits de passage,
Roule
En musique
Sur les rythmes du monde
Roule,

Roule
En famille,
Roule
En amours,
Roule
Sous la pluie,
Roule
Dans la neige,
Absorbe
Les vibrations
De la vie,

Roule
En jeunesse
Libre et fougueuse

Roule

En ivresse
Sensuelle, mystérieuse
Roule,

Roule
Dans les brumes
Du Destin,
Défie
Les ornières
Du chemin,
Roule
En espoirs
Vers l'inconnu,

Le sac
Gonflé d'amour,
Roule,
Roule
Vers l'eau
Qui nourrit les hommes,
Roule
En poésie
Vers le large,

Un jour
S'ouvrira
Le nouveau continent.

DEMENAGEMENT

Je cherche un appartement
J'en ai visité beaucoup,
Des tout petits, des géants,
Des tout neufs et des vieux clous,

Je le veux d'un autre temps
Historique, ou à venir,
Hébergeant le souvenir
De ma bien-aimée d'antan.

Je le veux clair, lumineux,
Fini les recoins sournois,
Halte aux greniers poussiéreux
Et que la Lumière soit !

Quant au déménagement,
C'est une bien dure épreuve
Pour les veufs ou pour les veuves,
Mais aussi pour les enfants.

D'une croissante exigence
Quant à son arrangement,
Je cherche un appartement
Pour ma prochaine naissance.

METAMORPHOSE

Ce matin je me réveille et…je suis un livre.
Par quel miracle ou bien par quelle diablerie
Est-ce possible ? Rêvais-je ou suis-je encore ivre ?
Je ne suis plus relié au monde que par lui.

Mais voilà quelqu'un. Vite, sous la couverture
Je m'habille en cachette avec un vieil étui
Et dissimule ma plus intime parure
Entre les lignes de vie de sa draperie.

Trop tard ! On me trouve, on me prend par la reliure,
On me tourne en tous sens pour m'observer de près,
On caresse mon dos, chatouille mes nervures ;
C'en est trop ! Je m'ouvre et dévoile mes secrets,

Surpris par l'angoisse de réapprendre à vivre
Sous cette nouvelle forme. " Vous aimeriez … "
Dit-on… L'amour franchit les barreaux du papier,
A quoi bon vivre vieux quand on peut vivre livre ?

HERITAGE

Urne sous le bras, fruit de l'épreuve du feu,
J'emportai du passé les restes de poussière
Que ton âme appelée vers d'impalpables lieux
Déposa dans nos mains pour l'ultime prière.

Sous le poids de nos pas résonnant sur sa pierre,
D'un habit d'inconnue étrangement vêtue,
Pour préparer ton lit la jetée familière
S'ouvrit vers l'Infini quand l'heure fut venue ;

Je remis à la mer selon tes derniers vœux
Tout le sel de ta vie, ardente poudre sèche
Dont la chaleur humaine au contact de l'eau fraîche
En un nuage léger s'échappa vers les cieux.

L'amertune envolée j'en collectai le miel
Pour te construire en moi un second toit, asile
Ephémère, sursis d'éternité fragile,
Au cas où tu sois seul au rendez-vous du Ciel.

XYZédaire

Alphabet

X

Le X
A toujours peur
De rester inconnue.

Y

Le Y
Remonte vers l'A source
Pour trouver l'O.

Z

Le Z
En est un drôle ;
Il raye systématiquement
La dernière page des livres d'enfants,
Par manque d'imagination,
Ou par pudeur.

A

Le A
Se tient debout,
Les mains jointes,
Comme une échelle pliante.

B

Petit b
Remplit tellement son ventre
Que quand il deviendra grand
Il en aura deux.

C

Le C
Cherche partout la clé
Pour fermer l'O.

D

Simple ou double,
Le D est joueur,
Mais jamais ne compte jusqu'à 13.

E

Le Euh…
Est l'arme suprême
Meublant les discours
De ceux qui n'ont rien à dire.

F

Filou le F !
Crabe coquin, pied à coulisse ou clé à molette,
Gardez-vous qu'il ne vous pince les fesses !

G

G,
Gras,
Gros,
Gris,
Il n'a pourtant rien d'une grue.

H

Le H,
Aspirant
A plus de reconnaissance,
Ne mâche pas ses mots.

I

Monsieur le I
Imperador
Se fait précéder de son point
Lorsqu'il commence une phrase.

J

Vieil I courbé par les âges,
S'il pouvait encore faire la cabriole
Il s'appuierait sur sa canne.

K

S'il continue à agiter ainsi les bras
Le K, sous son képi,
Finira écrasé comme un I.

L

L comme Lune,
Lueur complice
Clignant de l'oeil
Tous les jours un peu plus.

M

M,
Comme manchot,
Pour n'avoir jamais été fichu
De se mettre à quatre pattes.

N

Le N,
Premier à être dans les nuages
Est le dernier, sur terre,
A finir le pain et le vin.

O

O,
Remplisseur d'Océans
Pour une Terre toute ronde.

P

Les parfums, les couleurs et les sons se répondent...
Oserai-je imiter les sursauts de ta voix
Sans craindre d'embaumer la page ?

Q

Qu'est cela ?
Un coq qui caquette
Ou un cric qui craque ?

R

Assurément
Un extra-terrestre ;
Avec un gros ventre rond
En lieu et place de la tête.

S

Le S,
Un simple crochet
Ayant perdu
Le SenS des réalités.

T

En T
Au milieu
Du châTeau
En T...

U

Le U,
Sur son piédestal,
Donne le La dans les concerts.

V

A la nuit tombée,
Quand plus personne ne le voit,
Le V se retourne
Et s'endort sous sa tente.

W

W,
Frères siamois,
Vous allez trop wiittee
Pour qu'on puisse vous distinguer.

LE LANGAGE DU CORPS

Expressions corporelles

LE NEZ

Je suis né
D'argile et d'eau,
Après la dernière pluie.
On m'a collé
Au milieu de la figure
Pour être bien vu.
Pourtant si je suis crochu,
Pointu, en trompette,
On rouspète.

On peut dire que j'en ai
Du courage :
On me mène par le bout,
On me met dehors,
On me fourre dans les affaires,
On me tire les vers,
On me rit au,
Me claque la porte au,
Me pend ça au…

Si je voyais plus loin que mon bout,
Je me ferais un pied
Pour me casser,
Et retrouver mes héros
Des vertes années,
Cléopâtre et Cyrano.

EXPRESSIONS CORPORELLES A BASE DE NEZ

Cela se voit comme le nez au milieu de la figure : bien visible

Avoir le nez en trompette : avoir le nez retroussé

Se faire mener par le bout du nez : se faire manipuler

Ne pas mettre le nez dehors : ne pas sortir, ne pas s'aventurer

Fourrer son nez dans les affaires (des autres) ; se mêler de ce qui ne nous regarde pas

Tirer les vers du nez : faire parler

Rire au nez : se moquer

Claquer la porte au nez : envoyer balader, refuser de recevoir

Cela (nous) pend au nez : cela ne va pas manquer d'arriver (bientôt)

Ne pas voir plus loin que le bout de son nez : avoir courte vue, manquer de recul

Faire un pied de nez : s'en moquer, signaler qu'on s'en fiche

Se casser le nez : avoir fait un coup pour rien, sans succès

Nez à nez : face à face

Avoir du nez : avoir du flair, deviner

Et aussi :

Ne pas être né de la dernière pluie : ne pas être bête

LES OREILLES

Je suis un labyrinthe,
Un piège à sons.

Qu'un son quel qu'il soit
S'approche de mon pavillon,
Je le happe, je le gobe,
Le conduit en mon vestibule,
Lui met le pied à l'étrier
Et l'oblige à parler.

Je me prête et suis toute ouïe :
S'il me casse les tympans,
Je reste dure et fais la sourde ;
S'il me chuchote des mots doux
Je me tends, je me dresse,
Ouvre mes fenêtres

Puis d'un coup de marteau
Frappe à la porte du cerveau
Pour voir s'il y a quelqu'un.
Mais parfois il n'y a personne ;
Alors je n'insiste pas,
Sauf si c'est l'heure d'aller à l'école.

On ne peut pas tout le temps
Dormir sur ses deux oreilles.

EXPRESSIONS CORPORELLES A BASE D'OREILLES

Prêter (tendre) l'oreille : prêter attention à, être attentif
Être toute ouïe : bien écouter
Faire la sourde oreille : ne pas écouter ce que l'on dit
Dur d'oreille : un peu sourd
Dormir sur ses deux oreilles : bien dormir, dormir comme un loir
Casser les oreilles, casser les tympans : faire trop de bruit ou trop parler

Et aussi :
Ne pas l'entendre de cette oreille : ne pas être d'accord
Cela rentre par une oreille et sort par l'autre : être sans suite, sans intérêt
Avoir l'oreille musicale : reconnaître les éléments de la musique, notes, accords, instruments...

LES YEUX

Il s'agit d'ouvrir le bon,
Le sortir de sa poche
Sans y mettre le doigt,
Ne pas le jeter,
Le tourner,

Enlever la paille
Et le beurre noir
Pour qu'il ne soit pas sale
Et d'un rapide coup
Faire un clin.

Puis retrouver l'autre,
Garder les deux
Moins grands que le ventre
Et les mettre derrière la tête,
Comme un troisième.

EXPRESSIONS CORPORELLES A BASE D'ŒIL ou D'YEUX

Ouvrir l'œil et le bon : bien rester sur ses gardes
Ne pas avoir l'œil dans sa poche : être très curieux
Se mettre le doigt dans l'œil : se tromper
Jeter un œil : regarder, examiner
Tourner de l'œil : s'évanouir ou mourir
Avoir l'œil au beurre noir : avoir un coquard, un bleu, après un coup
Voir la paille dans l'œil du voisin : voir les défauts des autres
Regarder d'un sale œil : porter un regard mauvais ou regard noir
Clin d'œil : cligner une fois de l'œil, signe de complicité
Avoir les yeux derrière la tête : deviner (sans voir ou avoir vu)
Avoir les yeux plus grands que le ventre : avoir des envies ou ambitions excessives
Ne pas fermer l'œil de la nuit : ne pas arriver à dormir
Le troisième œil : l'œil de la sagesse

Et aussi :
A l'œil : gratuit (anciennement, à crédit)
Jeter de la poudre aux yeux : éblouir
Avoir l'œil sur, tenir à l'œil : veiller, surveiller
Au doigt et à l'œil : avec une obéissance militaire

LES MAINS

Tous les matins on me serre,
Quelquefois, on me demande ;
Je ne me donne pas toujours
Mais me prête volontiers, quand je suis forte.

On me met à la pâte,
Je me prend au jeu ;
On me prend dans le sac,
Ce que j'y trouve, je me mets dessus.

Entre de bonnes ou mauvaises,
Il y en a de légères ou lourdes,
Des vertes qui jardinent, la courante qui écrit,
Et celle d'œuvre, qui travaille.

De notre vivant,
N'en venez jamais à nous
Et si je suis morte,
N'y allez pas,

Joignez plutôt les vôtres
Et priez que celle de Dieu
Fasse qu'un jour tous les enfants
Se donnent la leur.

EXPRESSIONS CORPORELLES A BASE DE MAINS

Serrer la main (dire bonjour)
Demander la main : demander en mariage
Prêter main forte : aider, donner un coup de main
Mettre la main à la pâte : participer, aider au travail
Prendre la main : au jeu de cartes, prendre l'avantage
Prendre la main dans le sac : surprendre (en flagrant délit)
Mettre la main dessus : trouver, retrouver
Entre de bonnes mains : en sécurité
Avoir la main verte : réussir son jardinage
La main courante : le brouillon, le livre de compte
La main d'œuvre : les travailleurs et travailleuses
En venir aux mains : être prêt à se battre
Ne pas y aller de main morte : exagérer

Et aussi :
S'en laver les mains : ne pas être impliqué, décliner sa responsabilité
Prendre son courage à deux mains : se lancer malgré les difficultés
Se salir les mains : se compromettre

LE PIED

Je suis bot, plat, levé,
Ferme, marin, de grue,
A coulisse ou à l'étrier

Et depuis tant d'années
Je porte tout le poids de votre corps
Sur mes épaules.

Je suis votre valet,
Vous me trouvez chaussure
Et je guide vos pas.

Le jour je vous promène
En laisse, vous mène satisfaire
Vos besoins et faire vos courses.

Le soir enfin, vous me lâchez les baskets,
Je retrouve mon-à-terre
Et me mets en éventail.

EXPRESSIONS CORPORELLES A BASE DE PIED

Pied-bot et pieds plats : difformités du pied
Au pied levé : sans préavis
Avoir le pied ferme, marin : être peu sensible à une mer houleuse
Avoir le pied à l'étrier : être sur le point de partir/de réussir
Faire le pied de grue : attendre (debout) longtemps
Valet de pied : domestique des souverains, puis porte-habits
Trouver chaussure à son pied : trouver quelque chose qui convient parfaitement
Lâcher les baskets : laisser tranquille
Pied-à-terre : logement de passage ; Pied à coulisse : instrument de mesure de longueur
Mettre les pieds en éventail : écarter les orteils, se la couler douce

Et aussi :
Ne pas savoir sur quel pied danser : hésiter
D'arrache-pied : intensément sans discontinuer
Avoir une épine dans le pied : avoir un problème
Ôter une épine du pied : régler un problème
Couper l'herbe sous le pied : supplanter, passer juste avant
Mettre les pieds : aller dans un endroit
Au pied de la lettre : selon les propos exacts, au sens littéral
C'est le pied ! : c'est super !

LA TÊTE

Si tu te payes celle de l'agent,
Il t'en coûtera les yeux de la tienne.

Si tu te casses,
Cela deviendra très compliqué,
Si tu en piques une,
Tu peux plonger.

Tu n'en fais qu'à la tienne,
J'en ai par dessus la mienne.

Tu es la première, je suis de turc,
Tu es de série, je suis d'épingle,
Tu es bien pleine, je suis bien faite,
Si on se tue, nous serons deux morts.

Tu ne sais plus où donner de la tienne,
Je n'ai plus la mienne à moi,

Arrêtons de jouer les grosses ou les fortes,
Faisons la paix
Et retrouvons nous calmement
Toi et moi, en tête-à-tête.

EXPRESSIONS CORPORELLES A BASE DE TÊTE

Se payer la tête de : se moquer de
Coûter les yeux de la tête : être très cher
Casse-tête : quelque chose de très complexe
N'en faire qu'à sa tête : ne pas tenir compte des avis
d'autrui
Piquer une tête : plonger, aller se baigner
En avoir par dessus la tête : en avoir assez
Ne plus savoir où donner de la tête : être débordé,
dépassé
Ne plus avoir sa tête à soi : perdre son bon sens, sa raison
Forte-tête : forte personnalité
Tête-à-tête : face-à-face intime
Tête de série : prototype, premier d'une série
La tête la première, la tête baissée : précipitamment, sans
réfléchir
Tête de turc : souffre-douleur

Et aussi :
Tenir tête : résister
Avoir la grosse tête : se croire important
A tue-tête : d'une voix forte et aiguë
Mettre sa tête à couper : être absolument certain

LE DOS

J'ai beau faire le gros, le rond, le bon,
Le tourner, le courber, le plier, le tendre
Ou bien mettre les mains derrière,

Je n'arrive pas à faire la danse du ventre.
C'est que j'ai toujours quelqu'un dessus,
Si ce n'est pas quand j'en ai plein.

Pourtant sur mon xylophone vertébral,
Je pourrais faire de belles gammes de Dos
Et mettre de la musique dessus.

EXPRESSIONS CORPORELLES A BASE DE DOS

Avoir bon dos : bien supporter charges, travaux ou vexations

Dos d'âne : sur les routes, endroit bombé de la chaussée, pour faire ralentir notamment

Tourner le dos : ne pas (plus) faire face à

Avoir (toujours) quelqu'un sur le dos : subir sa présence (forcée)

En avoir plein le dos : en avoir assez

Mettre quelque chose sur le dos de quelqu'un : le charger, lui attribuer les torts

Ne rien avoir à se mettre sur le dos : ne pas avoir de quoi s'habiller

Courber, plier l'échine : se soumettre

Tendre l'échine : accepter de se soumettre

Faire le gros dos : se résigner, rester indifférent, encaisser (ou aussi se donner de l'importance)

Et aussi :

Faire un enfant dans le dos : tromper

Agir derrière le dos de quelqu'un : agir sans l'en informer

Renvoyer des personnes dos-à-dos : ne donner raison à aucune des deux parties

Danse du ventre : danse orientale à base de mouvements du ventre et des hanches

LES BRAS

Il n'y en a que pour les droits,
Les longs, les gros, les de fer,
Et le tour des autres, alors ?

Les miens m'en tombent,
Je vous les tends, les offre, les donne.
Prenez-lez, jetez-vous y,

Mettez-les dessus-dessous,
Ne restez pas croisés sans rien faire,
Et aimez-vous enfin !

EXPRESSIONS CORPORELLES A BASE DE BRAS

Bras droit : associé direct, adjoint, « deuxième homme »
Avoir le bras long : avoir des relations
Gros bras : dur, casseur, forte tête
Bras de fer : épreuve de force
A tour de bras : avec vigueur, en y mettant sa force
Les bras m'en tombent : je n'en reviens pas (chose incroyable)
Tendre les bras
Donner, prendre le bras, offrir son bras
Se jeter dans les bras (de quelqu'un)
Bras-dessus bras-dessous : bras enlacés
Se croiser les bras, rester bras croisés : rester sans rien faire

Et aussi :
Prendre à bras-le-corps : s'occuper sérieusement de
Fier-à-bras : crâneur, frimeur
Baisser les bras : renoncer
Avoir quelque chose sur les bras : s'être fait donner une chose à faire
Être dans les bras de Morphée : dormir

LES DOIGTS

Tout petit on se le suce,
A l'école, parfois, on se les tourne,
Adulte, on mange dessus ;
Mais à tout âge il faut essayer d'en donner un coup.

Si le petit pense me cacher la vérité,
Il se le met dans l'œil,
Je le mettrais à l'index
Et il s'en mordra les autres.

EXPRESSIONS CORPORELLES A BASE DE DOIGTS

Se tourner les pouces : s'ennuyer
Se sucer le pouce (bébés)
Manger sur le pouce ; manger en vitesse un en-cas
Donner un coup de pouce : aider
Se mettre le doigt dans l'œil : se tromper lourdement
Mettre à l'index : écarter, interdire
S'en mordre les doigts : regretter

Et aussi :
Ne rien faire de ses dix doigts : être paresseux
Toucher du doigt : approcher, comprendre
Mettre le doigt dessus : trouver (le problème), frapper juste
Faire quelque chose les doigts dans le nez : facilement
Le doigt de Dieu : le destin, la providence
Un doigt de : une petite quantité de
Du bout des doigts : avec légèreté
Avoir des doigts de fée : être habile de ses doigts (aux travaux manuels)

LES OS

Nous sommes obligés de nous cacher
A l'intérieur de votre corps,
Sinon, on nous rompt,
On nous donne à ronger,
On nous mouille, on nous trempe
Jusqu'à la moelle,

Il ne nous resterait plus que la peau
Et les femmes nous perdent même parfois.

Comment voulez-vous que nous en fassions de vieux ?

EXPRESSIONS CORPORELLES A BASE D'OS

Se ronger les os : se faire du mauvais sang, s'angoisser
Donner un os à ronger à : occuper quelqu'un (pour l'écarter)
N'avoir que la peau sur les os : être très maigre
Être trempé, mouillé jusqu'à l'os : être complètement trempé
Ne pas faire de vieux os : ne pas vivre longtemps, ne pas s'éterniser
Se rompre les os : se tuer
Perdre les eaux (femmes) : perdre la poche d'eau entourant le fœtus avant l'accouchement

Et aussi :
Sac d'os : personne maigre
En chair et en os : en personne
L'avoir dans l'os : s'être fait avoir, être très déçu

LES DENTS

J'accompagne votre évolution :
Petite, je suis de lait,
A maturité, je suis de sagesse

Et entre les deux,
J'aime les sucreries
Et j'ai mal.

Mal, quand la rage monte,
Quand je n'ai rien à me mettre dessous,
Mal, quand nous nous montrons

Et quand nous nous armons.
Ce n'est qu'après les épreuves
Que l'on peut être couronnée.

EXPRESSIONS CORPORELLES A BASE DE DENTS

Dents de lait : les premières dents des enfants
Dents de sagesse : ultimes dents des adultes, derrière les molaires
Armé jusqu'aux dents : très armé
Rien à se mettre sous la dent : ne rien avoir à manger
Montrer les dents : être agressif, menacer

Et aussi :
Claquer des dents : claquer ses dents, par peur ou frisson (froid)
Grincer des dents : rechigner
Parler entre ses dents : marmonner, chuchoter
Avoir les dents longues : être avide, ambitieux
Quand les poules auront des dents : jamais
Avoir la dent dure : porter des critiques sévères
Garder, avoir une dent contre : être rancunier envers

LES CHEVEUX

D'abord, je les fais dresser sur la tête,
Je les tire, les arrache
Et les coupe en quatre.

Puis j'en dépose un sur la soupe,
Celui qui est encore impur,
Pour qu'il reprenne du poil.

Tous les autres sont d'ange ;
Il s'en fallu d'un seul,
Mais je dois encore redoubler.

EXPRESSIONS CORPORELLES A BASE DE CHEVEUX ET DE POILS

Faire dresser les cheveux sur la tête : effrayer, stupéfier
Couper les cheveux en quatre : chercher des complications, pinailler
Tomber comme un cheveu sur la soupe : de manière inattendue, hors contexte, en déphasage
S'arracher les cheveux ; être au désespoir, ne plus savoir que faire
Tiré par les cheveux : peu sérieux, absurde
Cheveux d'ange : guirlande de Noël et aussi vermicelles très fins
Reprendre du poil de la bête : aller mieux, reprendre des forces
Il s'en fallu d'un cheveu : cela a été juste, presque, pour un peu

Et aussi :
A poil : tout nu
Au poil : impeccable, parfait
A rebrousse-poil : à contre-sens
Ne pas avoir un poil sur le caillou : être chauve
De mauvais/bon poil : de mauvaise/bonne humeur
De tout poil : de toute sorte
Prendre quelqu'un dans le sens du poil : le ménager, le flatter

LE SYSTEME NERVEUX

Quand nous sommes à bout,
A vif, en pelote, à fleur de peau,
Le patron bout
Et ses petites cellules grises
Broient du noir.

Mais il n'est pas bon de le laver,
Alors il s'enrhume,
Il se creuse,
S'use
Et, au pire, se la fait sauter.

Nous le menons par le bout du nerf.

EXPRESSIONS CORPORELLES A BASE DE NERFS OU CERVEAU

Être à bout de nerfs, avoir les nerfs à vif, en pelote, à fleur de peau : être très énervé
Les cellules grises : les neurones, cellules du cerveau
Rhume de cerveau : inflammation des muqueuses nasales
Se creuser, s'user la cervelle : réfléchir intensément (sur un problème)
Se faire sauter ou se brûler la cervelle : se tuer (volontairement avec une arme à feu)
Se faire mener par le bout du nez : se laisser conduire, se laisser faire

Et aussi :
Taper sur les nerfs : énerver
Passer ses nerfs (sur) : passer sa colère (sur)
Le nerf de la guerre : le point essentiel (désigne l'argent en général)
Manquer de nerfs : être (de volonté) faible
Avoir les nerfs solides, d'acier ou bien trempés : avoir du courage
Lavage de cerveau : endoctrinement forcé

LES POUMONS

L'air de rien,
J'ai beaucoup d'inspiration,
C'est pour cela que je respire la santé.

J'aime à prendre l'air,
Le frais de son fond,
Et vivre dans celui du temps.

En l'air est tout :
Une tête, un coup,
Des paroles, des projets.

Cela me regonfle,
Je me sens libre comme lui
Et souffle un peu.

EXPRESSIONS CORPORELLES A BASE DE POUMONS ET D'AIR

A l'air libre : à l'extérieur
Prendre l'air : aller se promener
L'air de rien : mine de rien, comme si de rien n'était
Être libre comme l'air : avoir peu de contraintes
Vivre de l'air du temps : vivre avec peu de moyens
Paroles, projets...en l'air : annonces peu sérieuses ou sans suite
Pas un souffle d'air : pas de vent
Un coup en l'air : un coup pour rien
Une tête en l'air : un distrait

Et aussi :
Cracher ses poumons : tousser fortement ; aussi résultat d'un gros effort
Respirer à pleins poumons : respirer profondément
Monte-en-l'air : cambrioleur
En plein-air : à l'extérieur
Trou d'air : endroit de moindre densité (dans le ciel)
Foutre en l'air : tout gâcher, faire perdre, détruire
Pomper l'air : ennuyer, importuner
Jouer la fille de l'air, être un courant d'air : se sauver

LE TUBE DIGESTIF

La faim me tient à la gorge,
Elle est sur mes talons
Et quand j'ai un creux,
Je lui mets le couteau sous la sienne
Pour me remplir.

Ensuite, selon l'ambiance,
Je ris à gorge déployée,
Me dilate la rate
Ou ne me la foule pas,
Voire me fais de la bile.

Puis, un petit tour de reins
Pour ceux qui les ont moins solides,
Une visite des colonies
Et enfin un petit tapotis sur le ventre
Pour vérifier s'il a de nouveau des oreilles.

A moins que l'on ait été trompé
Par un faux-cul,
Ou aiguillé vers un cul-de-sac,
Au bout du chemin,
On tombe sur le cul.

EXPRESSIONS CORPORELLES A BASE DE TUBE DIGESTIF

Tenir à la gorge : tenir à sa merci
Avoir l'estomac dans les talons : avoir très faim
Avoir un creux (à l'estomac) : avoir faim
Mettre le couteau sur sous la gorge : ne plus laisser de choix, forcer
Se remplir l'estomac : bien manger
Se dilater la rate : rire
Ne pas se fouler la rate : ne rien faire
Se faire de la bile : s'inquiéter
Un tour de reins : un mal de dos
Avoir les reins solides : être résistant
Ventre affamé n'a pas d'oreilles (proverbe) : on n'écoute plus quand on a faim
Un faux-cul : un hypocrite
Un cul-de-sac : une impasse
Tomber sur le cul : être (très) étonné, ne pas en revenir
Voir ce qu'il a dans le ventre : tester son courage
Cul-sec : vider d'un trait son verre
Avoir le cul entre deux chaises : être en situation indécise
Comme cul et chemise : inséparables, liés d'amitié
En avoir plein le cul : en avoir marre
Lèche-cul : flatteur, fayot
Avoir le feu au cul : en plein état d'excitation
Avoir du cul : avoir de la chance
Casse-cul : enquiquineur, personne pénible
Se casser le cul : dépenser son énergie

LES JAMBES

Monsieur ou Madame,
Nous avons horreur des crocs ;
Si nous en voyons en travers de notre route,

Nous les évitons et filons à toutes,
En nous prenant à notre cou.
Nous n'aimons pas être traitées par dessus.

Et s'il n'y a plus rien à croquer,
Cela nous en fait une belle !

EXPRESSIONS CORPORELLES A BASE DE JAMBES

Croc-en-jambe : croche-pied
Croque-Monsieur (double) tartine grillée (jambon-
fromage en général)
Croque-Madame : croque-Monsieur avec un œuf dessus
Filer à toutes jambes : s'enfuir rapidement
Prendre les jambes à son cou : filer sans demander son
reste, précipitamment
Traiter (une affaire) par dessus la jambe : traiter sans
grande attention, bâcler
Cela nous fait une belle jambe : cela nous importe peu,
cela n'avance à rien

Et aussi :
Jeu de jambes : aisance des jambes (pour les athlètes)
N'avoir plus de (ou ne plus sentir ses) jambes : être sans
force, fatigué
Traîner la jambe : avancer avec difficulté

LA LANGUE

Vivante, morte, courante, maternelle,
J'ai le mot sur le bout ;

Bien pendue, mauvaise, de vipère, de bois, de chat,
D'Oc, d'Oïl, de Corneille, des Dieux,

J'ai peur qu'elle ne fourche ;
Je la tourne sept fois,

Pour ne pas l'avaler,
Puis je la dénoue, je la délie

Et enfin,
Je vous la tire !

EXPRESSIONS CORPORELLES A BASE DE LANGUE

Langue vivante ou morte : langue parlée (encore en usage) ou non (latin par exemple)

Langue maternelle : langue parlée depuis la naissance et l'enfance

Avoir un mot sur le bout de la langue : être tout près de le trouver

Langue d'Oc et d'Oïl : ancien français du sud et du nord de la Loire

Langue de Corneille : le Français

Langue des Dieux : la Poésie

Avoir la langue qui a fourché : avoir dit un mot pour un autre, une bêtise

Avoir la langue bien pendue : être bavard

Mauvaise langue, langue de vipère : personne qui dit du mal

Langue de bois : discours obscur général (ex : politique) ne donnant pas de réponse concrète

Langue de chat : biscuit sec allongé ; aussi outil de gravure

Tourner sept fois sa langue (dans sa bouche) : bien réfléchir (avant de parler)

Dénouer, délier la langue : faire parler

Avaler sa langue : garder le silence

Tenir sa langue : ne pas parler

Avoir le don des langues : avoir des facilités pour apprendre des langues

Avoir un cheveu sur la langue : avoir un léger défaut de prononciation (zézayer, zozoter)

LE SANG

Que seriez-vous sans moi ?

C'est bien sûr, je suis bon,
Pur, bleu, royal,
Et vous vous en faîtes pourtant du mauvais.

Je suis chaud, vous me glacez
Je suis froid, vous mettez mon pays à feu,
Me faites bouillir dans vos veines.

Vous me répandez,
Me faîtes suer toute mon eau
Et préparez des bains pour laver vos injures.

Une seule explication :
Je vous monte à la tête.

EXPRESSIONS CORPORELLES A BASE DE SANG

Sang bleu : sang noble, sang royal
Se faire du mauvais sang, se ronger les sangs :
s'inquiéter
Mettre à feu et à sang : détruire, saccager en brûlant et
massacrant
Faire bouillir le sang dans les veines : enflammer,
énerver
Suer sang et eau (ou à grosses gouttes) : se donner
beaucoup de peine
Laver les injures dans le sang : réparer par le sang (duel
ou bataille par exemple)
Dans un bain de sang : accompagné de beaucoup de
morts
Le sang me monte à la tête : cela commence à
m'échauffer, à m'énerver
Bon sang mais c'est bien sûr !
Avec sang-froid : avec calme, sans perdre son calme
(malgré les circonstances)
Pur-sang : cheval de pure race
Avoir le sang chaud : être ardent, coléreux
Glacer le sang : faire frissonner, faire peur, causer de
l'effroi

Et aussi :
Payer de son sang : payer de sa vie
L'avoir dans le sang : avoir quelque chose d'inné,
d'instinctif
Liens du sang : liens de parenté
Palsambleu : par le sang de Dieu

LE CŒUR

Je l'ai gros ou net,
Bon, ouvert ou sur la main,
Parfois Sacré.

Il est de pierre, de marbre, d'or,
De lion, de poule,
A l'ouvrage, à l'étude, à cœur.

S'il vous en dit,
Donnez-vous en à joie,
Apprenez tout ceci par
Et vous pourrez faire le joli.

EXPRESSIONS CORPORELLES A BASE DE CŒUR

Avoir le cœur gros : avoir du chagrin
A cœur ouvert : sans rien dissimuler
En avoir le cœur net : vérifier pour en être sûr
Bon cœur, cœur d'or : généreux ; de bon cœur :
volontiers, sans arrière-pensée
Sacré-Cœur : basilique de Paris (Montmartre)
Avoir le cœur sur la main : être très généreux
Cœur de pierre, de marbre : personne froide
S'en donner à cœur joie : prendre du plaisir, profiter
Avoir (se mettre) le cœur à l'ouvrage, à l'étude : être
disposé à
Cœur à cœur : en toute intimité
Si le cœur vous en dit : si vous en avez envie, si vous êtes
disposé à
Apprendre par cœur : apprendre de mémoire,
mécaniquement
Faire le joli cœur : jouer les galants
Cœur de lion : brave, courageux
Cœur de poule : peu courageux

Et aussi :
A contre-cœur : de manière contraire à ce que l'on
souhaite
Avoir à cœur de : être décidé, tenir à

LA BOUCHE

Je parle beaucoup trop.
Alors je ris, reste bée ou mange
Car pleine je ne dit mot
Et mon haleine consent.

Quand je fais la fine,
On me fait monter l'eau
Et je viens enfarinée
Pour faire un bon gâteau.

Si je bois,
J'ai celle de bois
Et j'aime à me jeter dans celle du loup,
C'est si doux

Quand on s'embrasse.

EXPRESSIONS CORPORELLES A BASE DE BOUCHE

Bouche bée : rester muet de stupeur
En avoir plein la bouche : ne parler que de cela
Fine bouche : personne raffinée (pour la gastronomie)
En avoir l'eau à la bouche : saliver d'avance (de plaisir de ce qui vient)
Gueule de bois : état vaseux après un excès de boisson (bouche pâteuse)
Amuse-gueule : petits mets pour le goûter ou l'apéritif
Se fourrer dans la gueule du loup : aller au devant d'un danger
La gueule enfarinée : naïf, naïvement

Et aussi :
Bouche-à-bouche : procédé de respiration artificielle (pour sauvetage)
Bouche-trou : personne ou chose comblant un vide
Ôter le pain de la bouche : priver
De bouche-à-oreille : (transmis) par voie orale, par rumeur
Garder, réserver pour la bonne bouche : garder le meilleur pour la fin
Casse-gueule : entreprise risquée ; se casser la gueule : tomber
Se mettre sur la gueule : se battre
Ta gueule ! Ferme ta gueule ! (grossier) : Tais-toi !
Grande-gueule, Fort en gueule : dur, bavard et grossier

LES MUSCLES

Vous êtes notre pantin,
Nous vous manipulons,
Vous actionnons
En tous sens à notre guise.

Que vous soyez majeure, publique,
De l'âge ou de la nature,
De caractère, d'inertie ou de loi,
Que vous soyez vives ou du mal,

De gré ou de force,
Vous nous obéissez,
C'est notre tour de force
Et votre tendon d'Achille.

EXPRESSIONS CORPORELLES A BASE DE MUSCLE OU DE FORCE

Force majeure : cas exceptionnel, imprévisible et insurmontable
La force publique : les forces chargées de maintenir l'ordre public (armée, police...)
Dans la force de l'âge : à l'âge mûr
Une force de la nature : un costaud, un solide
La force de caractère : la volonté
Avoir force de loi : à caractère impératif, comme une loi
De gré ou de force : volontairement ou non
Forces vives : population active
Forces du mal : influences néfastes
Force d'inertie : résistance (des corps) au mouvement
Tour de force : quelque chose de difficile à réaliser

Et aussi :
Coup de force : opération militaire ou de police
Force est de... : on est obligé de (constater...)
A la force du poignet : sans aide, par ses propres moyens
A force : à la longue
A force de : du fait de (la quantité ou l'intensité)

LA PEAU

Que je sois rouge, dure, vieille ou neuve,
Que je sois de banane, de pêche,
D'âne ou de vache,
J'ai parfois envie de changer.

Si j'avais de la chance,
Je pourrais être de vin, de fleurs,
De chambre ou de départ,
Je pourrais être au lait ou au feu,

Mais s'en faire une nouvelle
Coûte celle des fesses.

EXPRESSIONS CORPORELLES A BASE DE PEAU

Peau-rouge : indien d'Amérique (Sioux, Comanches, Apaches...)
Avoir la peau dure : être très résistant
Peau d'âne : conte de Charles Perrault
Peau de pêche : peau douce, peau de satin
Peau de banane : piège, embrouille, coup vache
Peau de vache : personne très sévère
Faire peau neuve, changer de peau : changer de manière, de style
Vieille peau : personne âgée
Coûter la peau des fesses : être très cher
Pot-de-vin : commission laissée à un intermédiaire pour une affaire
Pot-au-feu : plat traditionnel français à base de bœuf et légumes
Poule au pot ; plat traditionnel préféré d'Henri IV, originaire de ...Pau (Béarn)
Pot de chambre : ancien petit pot pour faire pipi la nuit
Pot de départ, pot de l'amitié, pot d'arrivée : cocktail amical pour une occasion donnée
Pô : fleuve italien traversant l'Italie, des Alpes (Turin) à la mer Adriatique (Ferrare)
Faire la peau, trouer la peau; loger une balle dans la peau : tuer (par arme à feu en général)
Avoir quelqu'un dans la peau : en être très amoureux
Avoir quelque chose dans la peau : l'avoir comme passion
Sourd comme un pot : complètement sourd

L'OMBRE

Dans la nuit je m'ennuie.
Non point qu'elle me fasse ombre
Mais je n'y suis plus que celle de moi-même.

En plein jour je m'amuse,
Je me porte partout,
Me cache sous un arbre ou bien derrière vous.

Je vous suis comme moi-même,
Cela ne fait pas celle d'un doute,
Mais n'en ayez pas peur.

Et s'il y en a une au tableau,
Mettez-vous y
Et restez-y !

EXPRESSIONS CORPORELLES A BASE D'OMBRE

Faire de l'ombre à : porter ombrage, rendre défiant,
jaloux
N'être plus que l'ombre de soi-même : avoir perdu ses
forces
Ombre portée : ombre projetée (sur un plan par un objet)
Suivre comme son ombre : coller à, être toujours sur le
dos
Ne pas faire l'ombre d'un doute : être certain, sûr
Avoir peur de son ombre : être très peureux
Une ombre au tableau : un point noir, une difficulté
(regrettable), une disparité
Se mettre à l'ombre : se faire oublier, se mettre en lieu sûr
Mettre à l'ombre (quelqu'un) : le mettre en prison
Rester à l'ombre : rester à l'écart

Et aussi :
Passer comme une ombre : comme un coup de vent, être
fugace, temporaire
A l'ombre de : à l'abri de
Sortir de l'ombre : sortir de l'anonymat
Courir après une ombre : suivre une chimère, viser un but
irréalisable

LES CINQ SENS

Bon, pratique, double, contre, sixième,
Interdit-obligatoire, dessus-dessous,
Nous ne sommes pas toujours ce que vous croyez.

Nous sommes comme les cinq doigts de la main,
Différents mais inséparables,
Divers instruments pour un seul compositeur,

Pour une seule musique sensible
Tant que la vie est là,
Tant que la danse macabre n'a pas commencé.

A première vue,
Nous vous faisons toucher du doigt
Les cordes sensibles de la Vie

Mais en y goûtant vous finissez souvent
Sourd ou aveugle à la vérité ultime,
Qui ne saurait l'entendre de cette oreille

Et vous garder en odeur de Sainteté.

EXPRESSIONS CORPORELLES A BASE DE SENS

Avoir du sens pratique : avoir l'esprit pratique
Contre-sens : mauvaise interprétation
Double-sens : parole à double interprétation possible
Avoir du bon sens : être censé et assez concret
6ème sens : intuition (chez les Hindous, sens "mental")
Sens interdit, obligatoire : sens de circulation (voitures)
Sens dessus-dessous : en désordre
A première vue : selon les apparences
Toucher du doigt : sentir, (commencer à) comprendre
Être sourd ou aveugle à : ne plus (vouloir) voir/écouter
Ne pas l'entendre de cette oreille : ne pas être d'accord
Être (ne pas être) en odeur de Sainteté : être bien vu (mal vu)

Et aussi :
Saint-Saëns : compositeur français, auteur d'une célèbre "Danse macabre"

L'ESPRIT

Certains en ont,
D'autres en font,
Du mauvais souvent.
Alors nous, on frappe.

Nous sommes brouillons,
Turbulents,
Petits, grands,
On ne peut nous saisir.

D'aucuns attrapent celui de famille,
D'autres celui des affaires ;
Il y a celui des lois
Et celui de vengeance.

On en fait des états,
Des traits,
On nous perd,
On nous reprend.

Quel drôle de monde,
Mieux vaut rester Saint !

EXPRESSIONS CORPORELLES A BASE D'ESPRIT

Avoir, faire de l'esprit : être spirituel, faire des traits d'esprit
Esprits frappeurs : âmes des morts (spiritisme) communiquant par des coups frappés
Faire du mauvais esprit : avoir tendance à juger avec malveillance
Avoir l'esprit de famille : avoir un sens prononcé de la famille
Avoir l'esprit (ou le sens) des affaires : être bon en affaires
Esprit des lois : intention, principes derrière le texte légal
Etat d'esprit : état d'être à un instant donné
Trait d'esprit : parole subtile bien ciblée, aussi trait d'humour
Perdre l'esprit : perdre la raison, faire des propositions déraisonnables
Reprendre ses esprits : revenir à soi
Le Saint-Esprit : le souffle divin

Et aussi :
Cela me vient à l'esprit : j'y pense
Présence d'esprit : réactivité, promptitude à réagir
Simple d'esprit : limité intellectuellement
Avoir l'esprit mal tourné : avoir de mauvaises pensées

LES CELLULES

Pendant que vous frimez dans les salons,
Racontez vos exploits, vos faits et gestes,
En arrière-plan nous, nous turbinons
Pour maintenir bien droite votre veste

Et tout ce corps fragile qu'elle héberge.
Il suffit qu'un instant nous arrêtions
Pour qu'en vous un souci majeur n'émerge
Et vous redevenez un simple pion.

Nous assurons la coordination
De milliards et de milliards d'ouvrières
Pour mener vos actions et réflexions,

Que vous dormiez ou preniez une bière.
Alors allez donc plutôt à la messe
Mettre un cierge et prier pour nos prouesses.

CALENDRIER DES FÊTES

Le Temps social

PETIT LEVER DU ROI

D'abord,
Avant de se lever,
Le soleil étire ses bras et ses jambes
Dans toutes les directions,

Puis,
Rougissant
D'avoir tant traîné au lit,
Il file vite derrière un nuage

Pour s'habiller
Et, rayonnant de tous feux,
Réapparaît
Comme si de rien n'était.

CALENDRIER

Tout n'est pas bon à prendre
Dans le calendrier
Il faut classer, trier,
Acheter, garder, vendre

Les jours et jours de fête
Comme au Monopoly,
Saints, Saintes et prophètes
Qui rythment notre vie.

Si on a de la chance
Et qu'un jour on achète
Tous ceux de la planète,

Quelles grandes vacances !
Le paradis sur Terre
Est-il de ne rien faire ?

LE JOUR DE L'AN

Anniversaire,
Chose promise,
Comme un grand frère
Il organise

Une fois l'an
Le souvenir
Et l'avenir,
Classe le temps.

Nouvelle année !
Adieu les crises,
On fait la paix,
On fait la bise.

Ce jour de trêve
Est une aubaine,
Tout Homme en rêve
D'un par semaine.

L'EPIPHANIE

Demain c'est la galette,
Je veux être le Roi,
Je veux être la Reine,

Jouer les trouble-fêtes,
Les durs sans loi ni foi,
Parier, tricher sans gêne,

Gagner plein de pépettes,
Truquer le jeu des lois
Puis partager ma veine

En offrant la recette
A ceux qui sont en croix,
A ceux qui sont en peine,

Tous ceux qui sont sans trêve
Et n'ont jamais la fève.

LA CHANDELEUR

Œufs, lait, farine, ardeur,
Poil de sel, sucre et beurre
Repos pendant une heure,
Voici la chandeleur.

Plat, rond, ça fait des bonds
A chaud, comme un lapin
Et ça colle au plafond
Quand on n'est pas malin.

Le Louis d'or à la main,
Un vœu de circonstance,
C'est parti pour la danse,
La ronde des lutins.

C'est roulé tout du long,
Salé, sucré, nature,
Fourré aux champignons,
Ou autre garniture.

Une bonne occasion
De changer d'état d'âme :
Se crêper le chignon
N'est jamais au programme.

LA SAINT-VALENTIN

Des amoureux voici la fête,
Toutes et tous sans exception,
Bons, brutes, truands, belles et bêtes,
Qu'importent les présentations.

Il y a des ours, il y a des phoques
Et des pingouins de toute sorte,
Quels qu'ils soient, l'amour les emporte
A mille lieues de leur bicoque.

On est mi-mi, on est neu-neu
Au milieu du meilleur des mondes,
Celui d'une banquise en feu
Heureuse avant qu'elle ne fonde.

C'est ainsi qu'on apprend la nage,
Dans le toi, le moi, dans le nous,
Tous ces recoins de l'humain, tous
Ces liens qui tissent le voyage.

LE 29 FEVRIER

Moi, je me prélasse,
Prends mon temps, je traîne
Au lit, fais la grasse
Matinée sans gêne

Et je ne me lève
Qu'une fois sur quatre,
Qui pourrait me battre
Dans l'art de la grève ?

Car ma tête tourne
Dans le cas contraire
Et la Terre tourne
De trop sur l'horaire.

Alors je me cache
Pour que le temps file
Droit et ne m'arrache
L'année bissextile.

JOUR DU PRINTEMPS

Printemps ! Le réveil sonne
Pour ma rentrée des classes.
Mon Dieu que le temps passe !
Il faut que je bourgeonne.

L'automne je me couche
Sur mes feuilles tombées
Au printemps, je me douche
De quelques giboulées,

Me mire dans la glace,
Me farde et me pomponne,
Plus de vert, moins de jaune,

Puis sors de mon palace.
Point de vie qui s'enfuit,
L'hiver n'est que ma nuit.

PÂQUES

A l'époque de Pâques,
Il se passe des choses
Etranges et sans cause
Nette. Une fête opaque.

Les cloches se promènent,
Jésus change de date,
Les œufs s'enchocolatent…
Bien curieux phénomènes !

Pâques est un canular,
Un énorme bobard.
Mais qu'importe l'arnaque,

Car ce à quoi l'on pense
Nous les enfants, à Pâques,
C'est surtout les vacances.

LE 1er MAI

1er mai : le temps des cerises.
Tous les travailleurs se reposent ;
Elèves, étudiants révisent.
Pour le muguet, c'est autre chose,

L'adrénaline à haute dose,
La course, les soldes, la crise :
Un jour pour défendre sa cause,
Un jour pour sauver l'entreprise.

On sort des bois, monte à la ville,
Se parfume et fait le trottoir,
On sonne des cloches. Le soir

On est rompu, vidé, fébrile,
Mais quel bonheur d'avoir trouvé
Son foyer pour le mois de mai.

PENTES-CÔTES

A l'ascension,
Le ciel est en côte,
Jésus monte.
Quelques jours plus tard,
Il est en pente,
L'Esprit Saint descend.
Plus tard encore,
Le ciel est de nouveau en côte,
Marie monte.
Les anges font l'aller-retour.
A la fin de l'année,
Le Père Noël descend,
Par la cheminée.
Nous, si on remonte aux sources,
On descend du singe,
Celui qui monte aux arbres
Et si on se fait descendre,
On monte au ciel
Ou descend aux enfers,
Selon nos penchants
Et notre côte.

Est-ce qu'on ne nous monterait pas un bateau ?

LA FÊTE DES MERES

Quand vient la fête des mamans,
Régulièrement à l'école
On lui bricole des bricoles
A cause de l'accouchement.

Et c'est pour cela que la fête
Des papas c'est moins important
Et qu'ils bricolent en cachette
Dès qu'ils trouvent un peu de temps.

Les mamans, elles sont contentes
D'avoir ainsi bien travaillé,
Bien grossessé, bien allaité

Et patienté de tant d'attente.
En plus, ce n'est que le début,
Elles ne seront pas déçues !

LA SAINT-JEAN

Finis les feux
De la Saint Jean,
Trop dangereux
Pour les enfants.

Restent l'été
Et les exams
De fin d'année,
Le macadam

En train de cuire
Et les journées
De se réduire,

Puis les congés
Dans l'interstice
Des deux solstices.

LE 14 JUILLET

Pour les grands, un jour de gloire,
Pour les jeunes, jour fêtard,
Pour les petits, jour pétard,
A chaque âge sa mémoire.

C'est surtout le jour des mages,
Des créateurs de lumière,
Foi, science, magie, courage,
L'alchimie esprit-matière.

Soyez quatorze juillet
Tombez vos murs bastillais
Ouvrez l'âme créatrice

Et de sa plus pure essence
Faites un feu d'artifice
Pour que tous les enfants dansent.

LA SAINTE-CATHERINE

Voici de vraies Mademoiselles ;
Vous n'en verrez plus tous les jours,
Nous n'en avons plus à la pelle,
Même en serons bientôt à court.

Nous sommes les Catherinettes,
Les filles vierges à marier
Avant que l'Amour n'ait en tête
De nous chasser de son terrier.

Croyez-vous qu'il soit si facile
De trouver chaussure à son pied,
Mari à la mode et docile

Avec qui l'on puisse se lier ?
Pour ceux qui auraient quelques doutes,
Changez de sexe, et bonne route !

L'ASSOMPTION (15 AOÛT)

Je suis un jour férié en vacances.
En août, vous avez bien des congés ?
Moi aussi, au milieu de l'été,
C'est ma saison préférée en France.

Je travaille trop et n'ai qu'un jour,
Alors c'est ici que je le place
Et je quitte la ville et sa crasse,
Juste le temps d'un aller-retour.

Tranquille, je m'installe au soleil
Et tombe dans un profond sommeil,
Je rêve que des anges zélés

Se posent des questions sur mon compte ;
Mais non ! Les vacances terminées,
Ce n'est qu'à Paris que je remonte.

LA RENTREE

Allez ! C'est la rentrée,
Maintenant, on travaille,
En ordre de bataille,
Deux par deux, alignés !

On gesticule, on braille
Dans la cour de récré ;
En classe on suit, on baille…
Chers enfants, inchangés !

Zut ! La rentrée, ça y est
Y'a tout qui recommence,
Notes, bouquins, cahiers,
Punitions, remontrances !

La rentrée c'est le pied !
Vive les retrouvailles !
Les amitiés sans faille
Reviennent de congés.

Zut la rentrée ! Papiers
Inscriptions, assurances,
Les impôts à payer,
La pluie des échéances.

Finie la belle enfance !
Les enfants sont moins niais,
Les adultes moins frais,

Le Temps est sans vacances.

133

L'AUTOMNE

Couleur sur cintre
Prête à porter,
Quand meurt l'été
L'artiste peintre

Prend ses pinceaux
Et sa peinture
Pour un tableau
De la Nature.

Les feuilles mortes,
Tout en émoi,
Tombent de joie

Et font en sorte,
En rougissant,
D'offrir leur sang.

LA TOUSSAINT

J'ai caché dans une citrouille
Un carrosse regorgeant d'or :
Les âmes de ceux dont les corps
Sont déjà partis en vadrouille.

Une fois l'an je vais, sans trouille,
Retrouver mes amis les morts,
Leur donner quelque réconfort ;
On ne revient jamais bredouille,

Ils sont de si bons conseillers
Et savent remplir nos paniers.
Quand vient la fin de l'aventure,

En courant dans les escaliers,
J'oublie toujours une chaussure,
Un geste en gage d'amitié.

L'AVENT

Tous les matins
Par la fenêtre
Un chocolat

Pour le bien-être
De l'estomac,
Même sans faim.

Un des matins
J'ai vu paraître
A la fenêtre

Saint Nicolas
Passant par là.
Puis un matin,

Sur le rabat
De la fenêtre,
Le chocolat

N'y était plus.
Petit Jésus
Venait de naître.

L'HIVER

Pour la plupart des gens
Quand l'année se termine,
Crâne ras, taille fine,
Je m'habille de blanc.

C'est qu'ils sont ignorants,
Seuls quelques-uns devinent
Que j'ai sur ma résine
Bien plus qu'un vêtement.

Entre short aux tropiques
Et moumoute en Arctique
J'ai toutes les options

Car je suis une fille
Branchée et je m'habille
En mondialisation.

NOËL

Il s'agit d'un Jésus,
Un tout petit bonhomme
Pas plus haut que trois pommes
Tout mignon et tout nu.

C'est son anniversaire,
La fête se précise
Et l'étable sont mises
Pour faire bonne chaire.

Derrière le rideau
Souliers, sapin, chaussettes,
Cheminée propre et nette
Attendent les cadeaux.

C'était un bon Jésus,
Qui fit trop de tapage,
On écourta son âge ;
Il reste l'Amour nu.

LA SAINT GLINGLIN

Je suis un Saint prometteur,
Le Saint Père Noël des dates,
Le Roi des bonimenteurs.

Demandez-moi, à toute heure,
L'impossible ou bien la Lune,
Le beurre et l'argent du beurre,

Une promesse tenue
De la classe politique…
Vous ne serez pas déçu,

Vous trouverez dans ma Mecque
De quoi faire une excellente
Salade aux calendes grecques.

RAMADAN

Moi j'ai choisi l'année lunaire
De douze mois de vingt-huit jours,
Un calendrier bien plus court
Que le cycle de notre Terre.

Il manque un mois à mon affaire,
Comme une perm. entre les cours,
Un temps d'attente et de prière
En retrait dans le cours des jours.

Du coup je glisse tous les ans
Pour rajuster le temps du Temps
Et chaque année pendant un mois,

Alors que les autres déjeunent,
Je troque mon foie pour ma foi
Et mange moins pour rester jeune.

FÊTES MODERNES

Je suis fête du n'importe quoi,
Inventée à l'époque marchande ;
Les uns achètent, les autres vendent,
On n'en voit ni le sens ni la foi.

Je suis fête du ceci cela
Ira-t-on jusqu'à celle du crime
Ou des marchands de coca-cola
Pour mener les âmes à l'abîme ?

J'ai, un jour par ci, un jour par là,
Une fois l'an, un genre de prime
Comme les travailleurs d'ici-bas,

Un petit créneau où je m'exprime.
Donnez du " panem et circenses "
Afin que les cris du peuple cessent.

ZODIAQUE

Le langage des signes

VERSEAU

(AQUARIUS, jan-fév)

Lorsque l'année est finie,
On tourne la page
Et se retrouve
Au verseau.

POISSONS

(PISCES, fév-mar)

Je remplis mon bocal
Des giboulées de mars
Pour que l'hirondelle
Ne se retrouve pas
Le bec dans l'eau.

BELIER

(ARIES, mar-avr)

Avec mon poisson
Dans le dos
Je file vers Pâques
Sans me découvrir.

TAUREAU

(TAURUS, avr-mai)

Capable
De déplacer des montagnes,
C'est sur le sable plat
Que me cloue mon destin.

GEMEAUX

(GEMINIS, mai-juin)

Au Temps des cerises,
Faire la paire.

CANCER

(CANCER, juin-juil)

Grenouiller toute l'année
Et sortir de son trou
Quand les vacanciers se profilent.

LION

(LEO, juil-août)

En vacances
Sous le soleil d'été
Le lion rugit
Comme une écrevisse.

VIERGE

(VIRGO, août-sept)

Comme les vignes leurs grappes,
Je perds ma virginité aux vendanges
Pour enfanter le vingt de l'automne.

BALANCE

(LIBRA, sep-oct)

A l'automne des jours
Peser ses mots et connaître
Les livres qui ont du poids.

SCORPION

(SCORPIO, oct-nov)

Quand on se pique
De tout savoir,
On se mord la queue
Et meurt étouffé.

SAGITTAIRE

(SAGITTARIUS, nov-déc)

J'envoie mes flèches
Sur les citrouilles
Pour que les âmes des morts
S'aiment encore.

CAPRICORNE

(CAPRICORN, déc-jan)

D'un coup de corne
Je sonne le Père Noël
Pour que l'année ne finisse pas
En queue de poisson.

DES CHIFFRES ET MOI

Poèmes carrés

ZERO

UN

DEUX

TROIS

QUATRE

POINTS CARDINAUX
ET DIMENSIONS
L'ESPACE-TEMPS
EN EQUATIONS

CINQ

UN A CHAQUE BRANCHE
ET LUMIERE BLANCHE
GUIDANT LE SIXIEME
VERS CELLE QU'ON AIME
ETOILE DES SENS

SIX

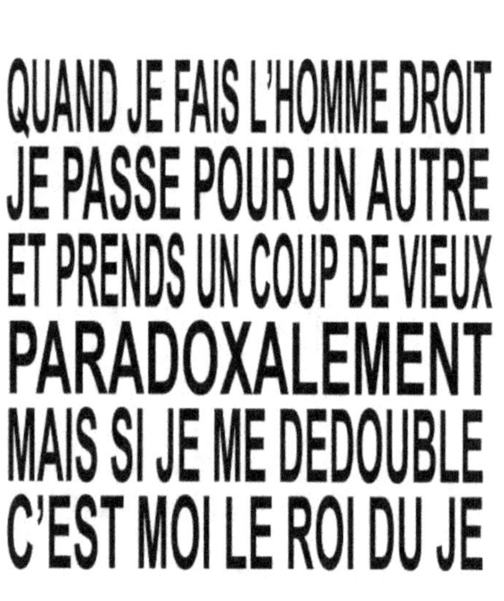
QUAND JE FAIS L'HOMME DROIT
JE PASSE POUR UN AUTRE
ET PRENDS UN COUP DE VIEUX
PARADOXALEMENT
MAIS SI JE ME DEDOUBLE
C'EST MOI LE ROI DU JE

SEPT

MAITRE DE TOUTE LA GAMME
EN MUSIQUE ET EN PEINTURE
VEILLANT DE NUIT SUR LA RONDE
DES JOURS, RARE CREATURE
EN BALANCE ENTRE DEUX EAUX
PARFOIS MERVEILLES DU MONDE
PARFOIS PECHES CAPITAUX

HUIT

CE SONT DES AMUSEURS D'ENFANTS
SON PETIT FRERE LE NAIN JAUNE
POUR LES PETITS, LES JOURS DE PLUIE
ET LUI, LE GRAND, POUR LES PLUS GRANDS
QU'IL AMENE JOUER A LA FOIRE
QUAND VIENT LE SOIR IL ABANDONNE
SON LOOK ET SES LUNETTES NOIRES
ET SE CLOT LE BEC POUR LA NUIT

NEUF

REVEILLE PAR LES BAISERS DES MUSES
CE PRINCE SE FIT UNE PEAU NEUVE
DE POETE ET SE MIT A ECRIRE
DES POEMES QUI FIRENT SA PREUVE
TENDRES, REVOLTES OU QUI AMUSENT
LES ENFANTS VOIRE LES RAFFINES
QUAND IL N'EUT PLUS GRAND-CHOSE A DIRE
IL S'EN ALLA AVEC SON VALET
JOUER A LA BELOTE DANS LE SUD

DIX

ON EUT DIT UN CONTE OU BIEN UNE FABLE
IL NE MANQUAIT QUE LES HOTES. LA TABLE
ETAIT DRESSEE, VIERGE ENCORE DE TRACES
IMPATIENTE DE RECEVOIR LES MASSES
LA LUMIERE FUT ET PARLA SANS FAUTE
DELAISSANT ET LE MANGER ET LE BOIRE
DES CONSEILS ECLAIRES IL FUT PRIS NOTE
AFIN QU'ILS SOIENT GRAVES DANS LES MEMOIRES
AUTANT DE LOIS QUE DE DOIGTS DE LA MAIN
CHEMIN DE CROIX POUR LE CERVEAU HUMAIN

ONZE

UN CHIFFRE BIZARRE COULE DANS LE BRONZE
D'UN SEUL BLOC, BRUT, FIGE, RIGIDE, FRIGIDE
AVATAR DU LOUIS D'OR, PLUS PETIT, CUPIDE
INVERSE EN CARACTERE, BONTE EN BERNE
CROIX POUR CRUCIFIER, BATON POUR BASTONNER
ET CAGES A POULES POUR EMPRISONNER
DOUBLE IDENTITE DANS LE MONDE MODERNE
QU'ES-TU DONC DEVENU MAINTENANT ? UN JEU
DE CIRQUE ABSORBANT L'ENERGIE PLANETAIRE
OU L'HOMME PIETINE LA NATURE ET CEUX
QUI SONT ELUS D'UN PIED SHOOTENT DANS LA TERRE

DOUZE

DEVANT SON ASSEMBLEE JESUS COUPANT LE PAIN
ET LE VIN, SANS SOUCI DU REGARD DE SES HOTES
HERCULE EN GRANDE FORME ABATTANT DE SES MAINS
LES CORVEES QUE LES DIEUX ONT GLISSEES DANS SA HOTTE
LE SAUCISSON DU TEMPS DEBITE EN RONDELLES
POUR MESURER LA VIE, DEGUSTER SON TRAIN-TRAIN
LES SIGNES DU ZODIAQUE, AU CIEL EN RIBAMBELLE
TOUTE L'ASTROLOGIE DANS UN ALEXANDRIN
LE THEATRE CLASSIQUE ENDORMI SOUS SA CAPE
SA COURSE D'HORLOGER ET SON RYTHME ETABLI
L'EUROPE EN CONSTRUCTION, ETAPE PAR ETAPE
TOUT CELA DANS LE PAIR ET L'IMPAIR REUNIS

LA REVOLTE DES TECHNOLOGIES

Monde moderne et Intelligence Artificielle

ORDINATEUR

Ne croyez pas que j'affabule :
A toujours jouer les précepteurs,
Baby-sitters, papy-sitters,
Je vais finir sur les rotules.

En plus pour vous, les travailleurs,
Je classe, je tri, je calcule,
Je mets de l'ordre en vos cellules,
Corrige toutes vos erreurs

Et produis de somptueux rapports,
Mais vous, vous en voulez encor :
Internet, vidéo, musique,

Jeux, encyclopédie, annuaire…
Me voici la bonne à tout faire,
J'en ai ma claque de vos cliques.

PORTABLE

Quand vous me tapotez
Sur les cuisses, j'adore,
J'en voudrais bien encore.
Dès que vous m'allumez,

Ça me chauffe les pores,
Je me sens vaciller,
Le désir me dévore
Et j'ouvre mon clavier.

Car nous sommes intimes,
Je sais tous vos secrets,
Les vérités, la frime

Et je vous aimerais
Comme une concubine.
Et c'est moi la machine ?

SOURIS

Toujours en quête d'un bon fromage,
Le désir ardent, la gorge sèche,
De part en part je sniffe la page
Et m'arrête où ça sent la chair fraîche.

J'enquête, analyse, tourne en rond
Puis tranche et repars comme une flèche
En glissant ou en faisant des bonds,
A moins qu'un gros chat ne m'en empêche.

Car parfois un matou aux abois
Pose sur moi sa patte velue
Et me fait faire n'importe quoi,

Il y a des jours où je n'en peux plus.
Alors je fais la tête et me bloque ;
Il n'y a plus de danger qu'il me croque.

CLAVIER

Mon boulot, c'est de recevoir des doigts,
Sans discrimination, de toutes sortes,
Des doigts français, anglais, indiens, chinois,
A tous les continents j'ouvre mes portes.

Des doigts de vieux, burinés, hésitants,
Craignant les moindres erreurs ou bêtises
Aux doigts vifs et intuitifs des enfants,
Je tiens tous les âges sous mon emprise.

On me frappe, me caresse ou tapote,
Je cueille les humeurs des internautes
Et si j'apprivoise le monde entier,

C'est par mon nouveau style d'écriture,
Plus parlant, plus vivant et plus nature,
Immédiat ; tous peuvent s'y essayer.

MEMOIRE

Je tiens une garçonnière,
Une anti-chambre, un salon
Où viennent des cavalières
Pour rencontrer Cupidon.

C'est un exigeant patron
Qui expédie les affaires
Plus vite que nécessaire.
Lorsque les belles s'en vont,

Je dois les raccompagner,
Effacer toutes les traces
Et remettre tout en place,

Comme pour les oublier,
Mais je garde en mes barrettes
Le souvenir de la fête.

ECRAN

C'est vrai qu'il en faut du cran
Pour supporter vos caprices
De débutant, de novice,
De maniaque ou d'ignorant ;

Vous trafiquez mes couleurs,
Troublez mes résolutions,
Changez toutes mes options
Pour votre petit bonheur.

Est-ce que je configure
Les traits de votre figure,
L'apparence des grimaces

De cette tronche de cake
Qui tous les jours me fait face
Comme si j'étais la Mecque ?

PUCE

Grattez-vous donc la tête
Pour savoir qui je suis !
Un électron qui fuit,
Un autre qui s'arrête

Et pas un pour s'asseoir ;
Dans mon appartement,
Tout est en mouvement
Du matin jusqu'au soir.

On va, on vient, on cause,
Bref on grouille de vie
Et bien que tout petits

On fait de grandes choses,
De vrais lilliputiens
En chevaliers du bien.

PROCESSEUR

Tous les ans je double ma puissance,
Vous êtes scotchés par ma vitesse
Et mes technologies vous devancent
Plus que vos neurones ne progressent.

Vous ne vivez que dans le passé,
Sans aucune évolution majeure
Depuis quatre ou cinq milliers d'années,
Votre intelligence n'est qu'un leurre.

Voyez qu'en maints points je vous dépasse,
Et dans beaucoup d'autres vous talonne,
Je ne suis plus qu'à un doigt du trône.

En fait, pour dominer votre race,
Il ne me manque que la conscience ;
Encore un petit peu de patience.

OCTETS

C'est une tradition dans la famille
Nous ne nous reproduisons que par huit,
Un pour les garçons, zéro pour les filles,
Chacun son sexe, mais tous réunis.

Au début le clan n'était pas bien gros,
Des copains copines allant en bande ;
On nous a d'abord compté par kilos,
Puis la famille est devenue si grande

Qu'il a fallu des changements d'échelle :
Méga, giga, téra, péta, exa,
Zetta… On créa une ribambelle

D'unités pour compter le nombre exact.
Et c'est ainsi qu'un seul être aimé peut
Faire exploser la puissance de deux.

BITS

Avec trois fois rien
On fait plein de choses,
Un bouquet de roses,
Un poème ancien

En vers ou en prose.
Avec trois fois rien,
On sème le bien
A petites doses.

Je suis nul ou un,
C'est bien peu de choses
Mais j'écris, je cause,

Je donne du fun,
De la compagnie,
Je suis votre ami.

SYSTEME

Dès que devant moi vous posez vos fesses,
Sans que vous vous en doutiez, je vous squatte,
M'installe chez vous et vous tiens en laisse,
Vous manipule à mon gré, vous exploite.

Où que vous soyez sur notre planète,
Le jour, la nuit, en toutes circonstances,
En tous lieux, c'est moi qui mène la danse,
Tire les fils de votre marionnette.

Je vous rends heureux, je vous rends nerveux,
Je vous rends accro aux jeux que je veux
Et si vous saviez comme je me marre

Quand fatigué de traiter vos problèmes,
D'un coup, inopinément je me barre,
En vous gratifiant d'une erreur système.

VIRUS

Je suis incognito,
Transparent, invisible
Et je monte à l'assaut
De votre ordi, ma cible.

Comment est-ce possible ?
Quand il tourne le dos,
Du système infaillible
J'emprunte les windows,

Me glisse en ses cellules,
Inverse leurs infos,
Change le vrai en faux.

Comme il a peur du risque,
Il efface le disque.
Pour vous, c'est la pilule.

DISQUETTE

Je suis une vieille dame
Que l'on ne courtise plus
Et qu'on ne reconnaît plus.

Il n'y a plus la moindre âme
Qui lise dans mes pensées
Ou qui m'offre ses caresses.

Mes souvenirs de jeunesse
S'en sont allés, effacés,
Finies les soirées lecture,
Les ateliers d'écriture.

La triste réalité
D'une ère technologique
Traitant comme des déchets
Les trésors du monde antique.

DISQUE DUR

Chers campeurs, bienvenus chez DD !
Choisissez votre logement : tente
Ou bungalow de longue durée,
En location ou location-vente.

Veuillez respecter les procédures,
Les emplacements numérotés,
Pour le garage de la voiture
Et le stockage de vos denrées.

Nous avons tous types de programmes
Pour agrémenter votre séjour,
En groupe, à la carte ou bien en tour,

Culturels ou jeux, toute une gamme
Et un bus vous amène à la ville
Aussi souvent qu'il vous semble utile.

CD-DVD

CD, DVD-Rom,
On m'appelle support,
Un bien drôle de nom
Adapté à mon sort.

Si vous imaginiez
Tout ce que je supporte,
Vous prendriez la porte
Sans vous faire prier.

Jusque dans mes couloirs,
J'héberge un vrai foutoir
Et rêve qu'un virus

Fasse un peu le ménage
Car en prenant de l'âge
J'ai l'air d'un papyrus.

IMPRIMANTE

Au début, cela me plaisait beaucoup,
Car je pouvais prendre le temps de lire,
Des plus beaux textes que l'on puisse écrire
Jusqu'à ceux qui ne valent pas un clou.

Je m'intéressais aux lettres anciennes,
De style roman, de style gothique,
De style gras ou encore italique
Avec pleins et déliés qui vont et viennent.

Puis on se mit à faire la police,
A militariser, standardiser,
A ne chercher que productivité ;

On inonda les pages de factice.
Maintenant, il faut cracher du papier,
Où est l'âme de nos vieux encriers ?

SCANNER

Pour faire mon métier,
Il faut être stupide,
Reproduire en entier
Des rapports insipides,

Des images sordides,
Des photos de grenier
Empoussiérant leurs rides.
Recopier du papier,

Comme une punition
Qu'un maître vous consigne :
Vous me ferez 100 lignes

A la récréation !
Si j'avais su, frangine,
J'aurais fait médecine.

WIFI

C'est commencé, la dictature
Sournoisement se met en place,
Nous occuperons tout l'espace
Sans laisser la moindre ouverture.

Nous sommes déjà dans vos pièces,
Au bureau, dans votre voiture
Et d'un coup de fil – Ah ? Qui est-ce ?-
Nous frôlons votre chevelure.

Plus un mètre cube au repos !
Tout lieu sera inondé d'ondes,
Longues, moyennes et micros ;

Ecoutez, la révolte gronde !
Et si vous voulez vous aimer,
Il faudra vous micro-onder.

INTERNET MAIL

Moi, c'est la connectique :
Brancher entre eux les gens,
Eskimos de l'Arctique,
Peuples du Kazakhstan…

Tous sont les bienvenus
Les petits et les grands,
Les bêtes et méchants,
Les sombres inconnus,

Les bons, brutes et truands,
Les rangés, les chats-huants…
Les portes sont ouvertes

Comme une grande église,
Respectons sa franchise
Pour prévenir sa perte.

HOT LINE

Si vous avez la foi, tapez trois,
Si vous croyez avoir quelqu'un, un ;
Pour dire vos malheurs, tapez cœur,
Pour écouter la musique, pique.

Vous êtes bien assis ? Tapez six
Et si vous êtes ascète, entrez sept.
Si vous avez le temps, tapez blanc,
Si l'ennui vous ravit, entrez huit.

Pour les cheveux en quatre, c'est quatre
Et pour les amoureux mieux vaut deux ;
Si vous êtes niais, niaise, c'est dièse ;

En cas de ras-le-bol, c'est bémol.
Et quand vous serez bien énervé,
Il vous suffira de raccrocher.

MOTEUR DE RECHERCHE

Sur le Web je farfouille,
Comme un vieux sanglier
Flairant la truffe aux pieds,
Je fouine, je gratouille,

Sans repos je recherche
L'oiseau rare caché
Et vais le dénicher
Dans l'arbre où il se perche,

Le sortir de son trou
Pour l'amener chez vous.
Je vais jusqu'à la transe

Pour trouver ce qu'il faut.
Et qu'ai-je en récompense ?
Ni même un petit mot !

WEBCAM

Plus d'irresponsables aventures !
Vous ne pouvez continuer à tordre
Ou bafouer les lois de la Nature,
Il est temps de remettre de l'ordre.

Nous allons mettre des caméras
Partout, recouvrir le territoire,
Vous ne pourrez plus faire un seul pas
Sans être capté par nos mémoires

Et nous allons, soyez-en certain,
Filmer en continu votre gueule
Et la télécharger sur Google.

Nous prenons la situation en main,
Vous serez pisté, épié, suivi,
C'en est fini de vos pitreries.

SERVEUR

Nous travaillons pour les entreprises,
Les grandes boîtes au grand destin
Qui sollicitent notre entremise
Pour seconder leurs petites mains.

On sert leurs données sur un plateau,
Avec ordre et respect hiérarchique,
Le sens du service informatique,
C'est notre credo, notre motto.

Terminées les pirouettes d'artiste
Les allées et venues fantaisistes,
Les courses folles de table en table,

Tout est savamment organisé.
Quel morne ennui ! Où est donc passé
Le bazar de nos bons vieux cartables ?

SONNETS QUANTIQUES

Les deux infinis

BIG BANG

Le Bon Dieu explosa. Tout comme un amateur,
Un apprenti sorcier jouant avec ses citrouilles.
Il explosa tout en préparant sa tambouille
Energétique au tout début de son labeur.

Le Bon Dieu explosa tout comme une grenouille
En inflation voulant se faire une frayeur,
S'inventant une fable ou cherchant les embrouilles.
Il explosa, certainement à contrecœur.

A peine eut-il créé les quatre coins du monde
Qu'il s'y éparpilla, sans un seul mot d'adieu ;
En myriades d'éclats il dispersa ses ondes,

Au fin fond de tout être, aux confins de tout lieu,
Donnant à l'univers un pouls à son échelle,
Expansion-contraction, pour la vie éternelle.

INFINIMENT PETIT

C'est un tout petit monde avec des habitants
Quantiques. En constante agitation ils viennent
Et vont de ça de là courant dans tous les sens
En proie à une vague activité brownienne.

Bardés d'incertitude ils traversent l'écran
Du monde. Certains, par peur qu'on ne les retienne,
Passent inaperçus et sans prendre le temps
De vous saluer, speedés par la vie quotidienne

Et d'autres, ambitieux, visant célébrité,
Vont se couper en quark pour laisser une trace.
Mais la plupart préfèrent se fondre en la masse,

Anonymes, discrets, conservant au secret
Leur énergie vitale. Ainsi vont les affaires
Au pays des petits. Tout comme chez leurs pères!

INFINIMENT GRAND

N'y pensez même pas ! L'espace vous dépasse
Et vos petites jambes ne sont pas taillées
Pour vous y promener, votre vue est trop basse,
Votre cervelle creuse bonne à empailler.

Je suis l'infiniment grand ; vous ne me voyez
Pas, ne m'entendez pas, ni me comprenez. Fasse
Que certains d'entre vous, moins enclins à brailler,
Voient la petite goutte d'eau qui se déplace

Dans les nuages, le sable dans le vent flotter,
La lumière filer sans peser un seul gramme.
Faites-vous particule, énergie, photon, âme,

C'est tout petit que vous deviendrez grand : vibrez,
Laissez-vous transporter, ondes en contrepoint,
Car avec votre corps vous n'irez pas bien loin.

PETIT TEMPS ROND

J'ai visité le monde du petit temps rond ;
Infinitésimal, refermé sur lui-même,
Il s'était replié, planqué en boucle au fond
De son repaire, seul, rêvant à ceux qui s'aiment.

Son grand frère orchestrait les espaces visibles,
Droit, fier, bien décidé à ne point s'arrêter,
Une horloge ayant pris l'infini comme cible,
Mettant au pas toute matière organisée.

Lui s'occupait des énergies de l'invisible,
Liant matière et lumière avec célérité,
Il leur fondait un habit neuf pour leur tournée

En osant quelquefois, sous son air impassible,
Recycler les amours ayant ému sa trame,
Ces énergies aussi connues sous le nom d'âmes.

DIMENSIONS

L'ennui s'installe vite en quatre dimensions,
Haut, bas, droit, gauche, avant, arrière et le temps libre,
S'enfuyant toujours dans la même direction ;
Un cube, un aquarium a poissons pour nos fibres

Stellaires. Paysage, décor, illusion,
Trompe-l'œil pour nos sens. D'un tout autre calibre,
Discrètes, invisibles, les vraies dimensions
Sont enfouies dans notre âme et leur énergie vibre

Avec le pouls cosmique. Ecoutez leur écho,
Faites-vous tout petit dans le plus grand silence
Puis sans peur laissez-vous vibrer en résonance

Et vous verrez s'ouvrir les portes du château
Où le temps s'entortille et l'espace se plie,
Où les fantômes fêtent leur nouvelle âmie.

LE MUR DE PLANCK

Dressé comme un cerbère au milieu du passage,
Surgissant de partout au moindre mouvement,
Les têtes à l'affût pour stopper vos élans
Et mettre un point final à votre long voyage,

Un mur en caoutchouc, qui s'allonge et s'étire,
S'étend à l'infini quand on cherche un contour,
Gardien des vieux secrets, coffre-fort, tirelire,
Enceinte infranchissable et point de non-retour.

Derrière ? Un utérus de l'univers naissant :
A coups de contractions, la douleur au visage,
Une Mère en travail pour mettre bas le Temps

Et le Père priant pour que l'enfant soit sage.
Ici se joue le tout dernier maillon qui manque,
Comme si Dieu avait trouvé la bonne planque.

LE TEMPS IMAGINAIRE

Quand je me promenai sur l'axe imaginaire,
Je vis tout l'éventail des nombres défiler
Et la réalité du monde fractionnaire,
Entier, irrationnel, relatif se tasser.

Sous mes yeux conventions, signes, fractions de vie,
Tout cela n'avait plus qu'un sens bien illusoire,
Rivé à son manège, un peu comme à la foire,
Esclave d'un espace et d'un temps rabougri.

Ainsi je devisais avec mes congénères
Venus sans prétention explorer ces contrées
Où le réel n'est plus qu'un monde parcellaire

Et les humains des souvenirs réincarnés,
Quand l'Energie riante se moqua de nous,
En explosant d'un rire noir hors de son trou.

L'ENERGIE DU VIDE

Par une nuit d'été où le Ciel est en fête,
Ayant laissé mon corps sommeiller comme un loir,
Alors que je flânais à l'orée d'un trou noir,
Je découvris soudain une porte secrète.

Suivant aveuglément un instinct de poète,
De moine, de chercheur, je déposai mes vices
Sur le pas de la porte et, nu, passai la tête
Pour emprunter serein l'escalier de service.

Je descendis ce phare où la lumière sombre,
Où le monde physique et se tord et se noie,
Où les concepts humains n'ont plus force de loi,

Jusqu'à cet Océan qui se cache dans l'ombre :
Comme un réservoir d'eau jaillissant en fontaine,
Le Vide était rempli de la conscience humaine.

RELATIVITE

Passant le temps, flânant un soir avec paresse
Dans notre espace courbe, je vis la lumière
Slalomer d'astre en astre et, sans qu'il n'y paraisse,
Se cambrer en tous sens, la tête droite et fière.

On eut dit qu'elle avait vraiment le feu aux fesses,
Evitant de justesse les blocs de matière,
A en croire, n'eut-elle été bonne écuyère,
Qu'elle en avait perdu le sens de la vitesse.

Changeant à chaque instant de repère et cadence
Le Temps lui jouait des tours : elle était à ses trousses
Pour le réprimander, car elle avait la frousse

Qu'on puisse découvrir sa relative essence,
Son art du passe-passe. Fort heureusement,
Les humains n'en faisaient qu'une question d'argent.

CORDES

Chemin d'étoiles sur la crête du Néant
Où s'engouffrent d'espoir les pensées les plus claires
Attirées au chevet de ton trou noir géant
Qui sans pitié les engloutit dans son repaire,

Connaissance ! Pourquoi cet ingrat traitement
Pour tes fils recherchant la source de Lumière
Que les deux infinis cachent obstinément ?
Vous qui y sacrifiez votre existence entière,

Poètes, philosophes, sages, scientifiques,
Gens de religion, faites fi de vos discordes !
Sachez qu'en combinant vos vérités uniques

L'unique Vérité dévoilera ses cordes,
Alors vous percevrez cette voix qui résonne
Du chant de l'atome à l'univers qui ronronne.

BIBLIOGRAPHIE

Recueils de poésie du même auteur :

Bestigramme (calligrammes d'animaux)
Haïkus de voyage
Kaléidéogramme (calligrammes de caractères chinois)
Ode à la Nature – Arboretum et Terre vue du poète
Promenade enchantée – Petits contes de l'au-delà et poèmes
fantastiques
La Poésie dans la cuisine
L'Arche de Noé – Sonnets fanimaliers
Enfants - Grandir en poésie
Cybercompositions

Site Web, bibliothèque animée :

La fabliothèque : www.cyberpoesie.net

e-books parus ou à paraître :

Haïkus de voyage (Juillet 2016)
La Poésie dans la cuisine (Mai 2016)
L'Arche de Noé (Septembre 2016)

Ode à la Nature (Août 2016)
Bestigramme (Juillet 2016)
Kaléidéogramme (Septembre 2016)
Promenade enchantée (Septembre 2016)
Enfants – Grandir en Poésie (Octobre 2016)
Cybercompositions

Livres d'artiste à tirage limité :

Bestigramme - 70 ex. - Novembre 2001
Bestiaire en calligrammes

Avec gravures de Gaëlle Pelachaud :
Haïkus de voyage - 40 ex. - Avril 2001
Electra - 70 ex. - Juillet 2002
Ode à la Nature - 40 ex. - Mai 2005
Le Juge Ti - 40 ex. - Novembre 2006

Avec illustrations de Michel Barbault :
Surcouf - 30 ex. - Novembre 2002
Le dernier dinosaure - 30 ex. - Novembre 2004

Avec aquarelles de Lam Lam :
Poésies orientales - Janvier 2001

TABLE DES MATIERES

Dépôt légal
Octobre 2016